Das Harmonja Konzept

Die Wolken sind die Gedanken des Himmels. Ein sanfter Wind genügt und sie ziehen dahin, flüchtig und schwerelos. Ein Baum ist der Wille der Erde, dem Himmel näher zu kommen. Tief verwurzelt streckt er sich der Sonne entgegen und nur ein starker Sturm kann ihn biegen. ***Die Veränderung ist der Wunsch des Menschen.*** Schöner, schlanker, glücklicher, gesünder, leistungsfähiger werden. Ist der Gedanke nur wie eine Wolke, reicht er nicht zur Tat. ***Erst wenn der Wille stark wie ein Baum wird, macht der Mensch sich auf den Weg.*** Aber zu viele Wege leiten nicht zum Ziel, und jeder falsche Pfad führt immer tiefer in die Mutlosigkeit. ***Fangen Sie jetzt ganz neu an.*** Mit der stärksten und wirkungsvollsten Medizin, die die Natur zu bieten hat – mit der Nahrung. Im Essen steckt die Macht, körperliche und geistige Harmonie zu bringen. ***Gehen Sie los, dieser W***

Nicola Sautter

welleat

Das Harmonja Konzept

Bitte beachten Sie den Disclaimer auf Seite 197

welleat

Das Harmonja Konzept
von
Nicola Sautter

Grafik-Konzept, Layout:
Mathias Voelchert GmbH, München
Illustrationen: Mathias Voelchert
Coverdesign:
Kraxenberger konzept&design, München
Klappentext: Reinhardt Hess, München
Druck: BluePrintAG, München
Lektorat: Stefan Spang, textpur, München
Umschlagfoto: Werner Heiber, München
Hergestellt in Deutschland 2005

Bibliographische Information Der Deutschen Bibliothek:
Die Deutschen Bibliothek verzeichnet diese Publikation in der Deutschen Nationalbibliografie; detaillierte bibliografische Daten sind im Internet über <http://dnb.ddb.de> abrufbar.

Erste Auflage 2005
ISBN 3-00-015550-3

Harmonja im Internet: **www.welleat.de**
Kontaktmail: info@welleat.de

Inhalt

1. Wie es dazu kam

Eine „zufällige" Unterhaltung mit einer Freundin ...
... denn „es fällt nur zu, was fällig ist"

Wie es dazu kam: Meine Freundin fragte mich: „Wie kann es sein, dass ich immer weniger esse, trotzdem nicht abnehme, und wenn ich mal etwas mehr esse, sofort zunehme. Außerdem habe ich dauernd Bauchweh oder Kopfweh. Ich befinde mich in einem Kreislauf von hungern, essen, schlechtem Gewissen und wechselnden körperlichen Beschwerden. Ich habe Angst, dass dieser Kreislauf so bleibt. Und meistens weiß ich nicht, warum es mir mal schlecht und dann plötzlich wieder gut geht. Es ist zum Verrücktwerden. Das ist für mich keine Lebensqualität: ein schlechtes Gewissen beim Essen zu haben, hungern zu müssen und Schmerzen zu haben oder mich dick zu finden.”

„Wie ernährst du dich denn“, war meine Frage? „Total gesund! Ich esse morgens Müsli, mittags Kartoffeln mit Gemüse, Reis mit Gemüse, Nudeln mit Tomatensoße und abends Vollkornbrot mit Käse. Ich esse kaum Fleisch.“ Hört sich ja auf Anhieb ganz gut an. Vor allem gängig. Das ist die „gesunde“ Ernährung, die propagiert wird. Das war genau mein Thema: Gewichtsfrust und Schmerzen. Ich hatte auf Anhieb keine Erklärung und das hat mich sehr beschäftigt, denn eigentlich war es genau das Thema, das mich seit so vielen Jahren begleitete, und bei dem ich nicht wirklich weiterkam.

Ich litt seit Jahren unter chronischen Schmerzen in Bauch und Rücken, hatte manchmal starke Kopfschmerzen mit Übelkeit, alle paar Monate einen „Hexenschuss“ und jahrelang schon Durchfall – kein Arzt oder Therapeut konnte mir helfen. Ich habe fast jede nur erdenkliche Untersuchungsmethode über mich ergehen lassen, von Kernspin über Röntgen und diversen Blutuntersuchungen bis zur Magenspiegelung – ohne Erfolg, die Ursache der Schmerzen wurde nicht gefunden.

Ein Arzt sagte, es sei psychisch, da könne man nichts machen, einer steckte mir Dauerakkupunkturnadeln in den Rücken, die mich bei jeder Bewegung schmerzhaft an meine Schmerzen erinnerten, und ein anderer diagnostizierte eine Eiweißallergie. Diese Diagnose hat mich sehr viel Kraft gekostet, denn nach dem Lesen dieses Buches werden Sie verstehen, wie es einem gehen kann, wenn man komplett auf Eiweiß verzichten muss. Bei den Umsetzungen der Theorien, einmal durch Entspannungstechniken, dann durch Eiweißverzicht hatte ich keinerlei Erleichterung.

Die Schmerzen blieben und brachten mich manchmal zur Verzweiflung. Ich versuchte, meine Rückenmuskeln aufzubauen, denn ich hatte durch meine langjährige Karriere als Handballerin einige Bandscheibenvorwölbungen in der Wirbelsäule. Doch meine Muskeln wollten nicht - und es tat noch mehr weh.

Trotz einer „gesunden" Ernährung hatte ich dauernd Gewichtsprobleme und daraus resultierend Essstörungen in Form von dauerndem Hungern. Auch regelmäßige Fastenkuren mit oder ohne Semmeln, Brühen oder Wundersuppen – mein dauernder Kampf mit der Waage blieb. Ich habe nahezu jeden neuen Trend ausprobiert und irgendwann wegen Nichterfolg wieder aufgehört. Nie kam mir die Idee, ein Buch zu schreiben, denn es gab nichts Positives zu berichten. Das ist jetzt anders. Jetzt gibt's viel zu erzählen, von mir und meinen Patienten.

Jetzt sitze ich hier, schreibe dieses Buch – und bin meistens schmerzfrei, schlank und satt. Ich fühle mich leichter, belastbarer, kreativer – es geht mir gut. Jetzt kann ich Entspannungsübungen machen, die mir was bringen, Sport machen, Muskeln aufbauen, denn jetzt ist alles so gut ernährt, dass die Schäden am Bewegungsapparat vom gut ernährten Körper aufgefangen oder abgemildert werden können. Und es ist vor allem auch erklärbar, denn ein optimal ernährter Körper braucht nicht zu hungern, um ein angemessenes Gewicht zu haben, und gut ernährte Muskeln sind nicht verspannt, können trainiert werden und tun nicht weh. Endlich!!!

Die Mischung macht's – wir müssen nur wissen, wie wir uns ernähren sollten, damit wir wirklich ernährt werden, denn beim Essen geht es um weit mehr als nur um die Aufnahme von Kalorien. Das können Sie am eigenen Leib spüren. Probieren Sie es aus!

Schlank – nicht dürr. Mit schlank meine ich nicht dünn oder dürr, was uns mancher als Idealzustand „andrehen“ will. Ich meine mit schlank: ein gesundes Normalgewicht zu haben und sich damit körperlich wohl zu fühlen. Ich möchte Ihnen Mut machen nicht aufzugeben, denn es gibt bestimmt auch für Sie einen Weg raus aus dem Gewichtsfrust, weg von Schmerzen und gesundheitlichen Beschwerden. Lesen Sie und probieren Sie es aus. Sie können selber am meisten für sich tun!!!

Wir ernähren uns doch sooo gesund. Warum müssen wir bei dieser doch so „gesunden“ Ernährung mit Obst, Gemüse, Nudeln, Vollkornprodukten so sehr auf die dauernd schwankende Zahl auf der Waage achten? Und nicht nur das: Warum fühlen wir uns an manchen Tagen unschlagbar fit, geistig klar und körperlich einfach in Topform, aber an anderen so, als hätte uns jemand die olympischen Ringe unter die Augen implantiert und wir kriegen nichts auf die Reihe.

Irgendwas stimmt da nicht. So viele sind „ernährungsbewusst“, essen „gesund“ und sind trotzdem dick oder haben irgendwelche unerklärlichen Zipperlein oder auch schon manifeste Erkrankungen. Was ist da los?

Ich war schon so lange auf der Suche. In den letzten 14 Jahren, so lange bin ich als Physiotherapeutin tätig, war ich immer auf der Suche nach allem Neuen, ob schulmedizinisch, alternativ, spirituell, esoterisch oder was es sonst noch so gibt.

Ich war sogar schon mal fast so weit, alle zufälligen Körperzustände zu akzeptieren, weil ich mal kurz an Vorsehung und unausweichliches Schicksal geglaubt habe. Zum Glück nicht lange, denn sonst würde es mir heute nicht so gut gehen – und ich habe sogar Einfluss darauf, wie es mir geht. Hört sich vielleicht kompliziert an – ist es aber nicht. Nicht dass ich nicht an Schicksal im Allgemeinen glaube, aber das Schicksal hat mehr mit uns vor, als uns alltägliche Unpässlichkeiten aufzuzwingen. Und auch nicht jede Krankheit kann man als psychisch oder schicksalhaft abtun, denn Krankheit beginnt in der Zelle und diese muss, um arbeiten zu können, gut ernährt und mit Flüssigkeit versorgt sein.

Natürlich kann man die Ernährung nicht als die Lösung all seiner Probleme sehen oder gar denken, man könne seinem Karma entfliehen. Die Aufgabe, die hier jeder in seinem Leben hat, bleibt die gleiche. Aber ich kann Ihnen versprechen: Es ist leichter, seine Lebensaufgabe zu erfüllen, wenn Körper und Geist gut ernährt sind und Sie leichteren Schrittes, schwungvoller und mit ruhigem Verstand den Dingen entgegenschauen.

Ich hab mich in den letzten Jahren viel mit Ärzten, Heilpraktikern, Körper- wie auch Psychotherapeuten unterhalten, weil ich immer mehr wissen wollte und mich jede Information zur nächsten führte, ich habe in Wartezimmern bei Ärzten nachgeschaut, ob es irgendeine Fachlektüre gab, die ich noch nicht kannte. Ich habe gehofft, eine Lösung für Schmerzen und Gewichtsprobleme zu finden und letztendlich damit mir und meinen Patienten zu helfen. Und nicht nur das, ich höre in der Praxis täglich von Menschen, die über Müdigkeit, Antriebslosigkeit und Schlafstörungen und vieles mehr berichten.

Ich habe unendlich viele Bücher gelesen über Ernährung, Medizin, alternative Medizin, systemische Psychotherapie, Traumatherapie, habe nahezu alles ausprobiert und hatte doch immer nur Teilerfolge, bei mir wie auch bei meinen Patienten. Nicht dass diese Therapien nicht sinnvoll wären, aber es fehlte mir immer irgendwas, denn eine Physio- oder Psychotherapie kann nur so gut sein, wie der Patient oder Klient es zulässt oder der Körper es verarbeiten kann. Therapie heißt Neuerung, und die schafft nur ein gestärkter Körper, der gut ernährt ist und sich im Fluss befindet. Als ich dann noch einen neuen Diätratgeber las, war bei mir der Ofen ganz aus. In diesem Buch stand – NICHTS! Das Buch propagiert einfach, sich den Speck wegzuhungern, an schöne Dinge zu denken, ein „dickes" Bild von sich an den Kühlschrank zu hängen – gelernt hat man am Ende überhaupt nichts dabei.

Viele versprechen was – und kaum einem hilft's. In dem Moment war mir klar: Da muss es etwas anderes geben, irgendetwas, das man sich erklären kann. Irgendetwas stimmt nicht: Es wird so viel darüber geschrieben, so viele schreiben das Gleiche, und helfen tut es kaum jemandem. Alle versprechen: Wenn Sie dieses Buch gelesen haben, wird nichts mehr so sein wie vorher. Das stimmte im Fall des Diätratgebers tatsächlich, denn ich war richtig sauer, und das war ich vorher nicht.

Ich machte weiter mit der Suche. Die Engel haben es gut mit mir gemeint und ließen mich zur richtigen Zeit am richtigen Ort sein. Ich konnte durch das Treffen der richtigen Menschen und Finden der richtigen Literatur meine Recherchen immer weiter vertiefen und habe Erstaunliches herausgefunden.

Schmerzfrei und schlank durch die stärkste Medizin, die wir haben: Unsere Nahrung. Ich habe das Wissen umgesetzt, wie man Nahrung für sich so nutzen kann, um seinen bestmöglichen körperlichen und geistigen Zustand zu erreichen, und bin reich belohnt worden. Nicht nur ich habe profitiert, auch meine Patienten, denen ich davon erzählt habe, haben damit erstaunliche Wirkungen erfahren, ob bei Schmerzen, Gewichtsproblemen, Müdigkeit oder anderen Problemen. Im Verlauf dieses Buches können Sie erfahren, was alles durch unsere Nahrung beeinflusst wird. Ich war ehrlich erstaunt.

Wir können in bestmögliche körperliche und geistige Maximalkraft kommen. Lesen Sie im Folgenden, was ich herausgefunden und gesammelt habe. Es ist sensationell, denn es bietet Erklärungen dafür, warum es vielen Menschen nicht so gut geht, wie es ihnen gehen könnte. Warum wir nicht in bestmöglicher körperlicher und geistiger Maximalkraft sind, und dass wir uns an diesen Zustand schon fast gewöhnt haben, weil wir ihn nicht mehr anders kennen.

Dieses Buch zeigt einfache, leicht umsetzbare Lösungen, wie Sie aus diesem Kreislauf von Gewichtsfrust, Diäten und körperlichen und geistigen Missempfindungen herauskommen. „welleat“ vermittelt Ihnen vor allem ein Verständnis dafür, wie Nahrung wirkt. Das halte ich für sehr wichtig, denn es bringt auf Dauer nichts, wenn uns bloß gesagt wird, wie wir es tun sollen. Wir sollten verstehen, warum! Dann können wir das Wie auch anwenden.

In den USA schon lange bekannt, beliebt und von Millionen erfolgreich umgesetzt. Das Wissen, das dieses Buch vermittelt, beruht auf gesicherten Studien, die in den USA schon seit Jahren großen Erfolg und eine Vielzahl von Essbegeisterten gefunden hat.

Die Umsetzung basiert auf eigenen Erfahrungen und den Erfahrungen, die ich als Therapeutin mit meinen Patienten gemacht habe. Des Weiteren finden Sie Einblicke in meine 14-jährige Erfahrung als Körpertherapeutin, Neugierige und Forscherin aus Leidenschaft, denn nichts lässt einen mehr forschen als ein Leiden, das einen (fast) schafft .

Viel Spaß und guten Appetit!

2. Wissenswertes

- Wussten Sie ... hormonelle Reaktion auf Nahrung
- Das Harmonja Konzept
- Wichtige Hormone in Bezug auf die Nahrung
    - Insulin
    - Glukagon
    - Eicosanoide
- Die 3 Makronährstoffe in Bezug auf die Hormonausschüttung:
    - Kohlenhydrate
    - Ein großer Teller Nudeln
    - Eiweiße
    - Fette
- Wichtig zu wissen:
    - Omega-3-Fettsäuren
    - Diabetes
    - Säure – Basen

Wissenswertes:

Wussten Sie, dass jeder Bissen, den wir zu uns nehmen, sofort eine hormonelle Reaktion im Körper zur Folge hat? Dies war schon der erste große Ahamoment bei meinen Recherchen, denn das ist von unschätzbarem Wert, wenn man weiß, um welche Hormone es sich dreht und wie diese so zu steuern sind, dass es für uns optimal ist. Essen stimuliert die Hormone und die Hormone stimulieren uns. Nahrung wirkt – jedes Mal.

Wir können durch die Nahrung Hormone produzieren, die unserem Wohlbefinden und unserer Gesundheit nutzen – oder aber auch solche, die uns schaden. Da scheint es einem doch logisch, sich das Wissen anzueignen, wie das mit den Hormonen funktioniert – um es dann für sich zu nutzen – für seinen bestmöglichen körperlichen und geistigen Zustand. Das klappt wirklich. Ich habe es selber ausprobiert und mittlerweile auch viele meiner Patienten. Das Feedback aller, die es ausprobiert haben, gab mir die letztendliche Motivation, dieses Buch zu schreiben. Wenn Sie mögen – lesen Sie selber und probieren es aus.

Dieses Buch ist für Schnellleser und für Ausführlichleser. Alle Kapitel, die länger sind und sich etwas mit „trockener" Theorie beschäftigen, habe ich mit einer Zusammenfassung begonnen. Dort steht das Wichtigste, um zu verstehen, worum es geht. Für alle, die es genau wissen wollen, geht es dann ausführlicher weiter. Bei Unklarheiten während des Weiterlesens können Sie wieder zu den Zusammenfassungen zurückkehren und müssen sich nicht noch mal dem ganzen Kapitel widmen. Zusammenfassungen gibt es bis zu dem Kapitel Omega-3-Fettsäuren, danach geht es leichter weiter und lässt sich einfach in einem Rutsch durchlesen, es ist informativ und erstaunlich.
Mir ist die Botschaft und die Information wichtig: Essen stimuliert unsere Hormone und die Hormone stimulieren uns – und vor allem die Antwort auf die Frage: Wie setzen wir dieses Wissen bestmöglich für uns um? Ich wünsche mir, dass Sie nach dem Lesen dieses Buches mehr Wissen haben und es so einsetzen können, dass sich Ihre Lebensqualität erhöht.

Ziel dieses Buches ...

... ist es, Ihnen ein Wissen zu vermitteln, das verständlich, begründet und nachprüfbar ist. Es ist mein Anliegen, Ihnen den Zusammenhang zwischen Nahrung, Wohlbefinden und Gesundheit aufzuzeigen, und vor allem, dass Sie mit einfachem Wissen selber etwas für sich tun können. Es ist nicht kompliziert. Dieses Wissen ist leicht umzusetzen und versetzt Sie in die Lage, Ihre körperlichen und geistigen Zustände selbst mit zu kreieren und zu kontrollieren, um in Ihre bestmögliche körperliche wie auch geistige Maximalkraft zu kommen und somit Ihre Lebensqualität zu erhöhen.

Dieses Wissen ist in unserer heutigen stressigen Zeit für die von Leistungsdruck angetriebenen, gehetzten und vom Diätenwahn geplagten Menschen unentbehrlich. Es wird Zeit, dass wir einen Leitfaden bekommen, der übersichtlich, einfach und vor allem umsetzbar ist. Mit diesem Wissen können Sie im Beruf, im Alltag, in der Be- oder Erziehung nervenstärker, gesünder und schlanker auftreten. Ein Körper, der gut ernährt ist, belohnt uns mit Höchstleistungen.

Jedes Mal, wenn Sie in diesem Buch das Wort „schlank" lesen, seien Sie bitte gewiss, dass ich nicht dünn oder dürr meine. Mit „schlank" meine ich ein gesundes Normalgewicht.

Was „welleat" Ihnen noch erzählt:

- *Warum hungern dick und krank macht.*
- *Warum Diäten der Garant für Übergewicht und Krankheiten sind.*
- *Sie werden durch „welleat" verstehen, warum Sie nie wieder zu hungern brauchen, um einen schlanken, gesunden Körper zu bekommen.*
- *Wie und warum Essen Schmerzen verursachen kann, und wie es geht, dies zu vermeiden.*
- *Es zeigt die fatalen Folgen der gängigen Ernährungsregeln, welche Fehler gemacht wurden und wie es anders geht.*
- *„welleat" schaut kritisch auf die Ernährung unserer Kinder und Jugendlichen, zeigt Folgen der Fehlernährung auf und mögliche Lösungswege.*

- *„welleat" schaut hinten auf die Etiketten der Lebensmittel.*
- *Warum Apfelschorle, Spezi und Wasser nicht das Gleiche ist.*
- *Warum viele von uns dicker und kränker werden.*
- *Warum Süßstoffe uns dick, krank und hungrig machen.*
- *Warum Stress dick und krank macht und Schmerzen auslöst.*
- *Dass wir die Ausschüttung wichtiger Hormone durch Verschiedenes selbst beeinflussen können.*

- *„welleat" erzählt Ihnen Lustiges, Erstaunliches und Erschreckendes aus dem Ernährungsalltag.*
- *„welleat" schaut kritisch auf das, was uns aufgetischt wird.*
- *„welleat" bietet Lösungswege, mögliche Alternativen und nützliche Tipps für Ernährung, Bewegung und den Umgang mit sich selber an.*
- *„welleat" zeigt, wie Müdigkeit entsteht.*

Was Sie mit diesem Buch erreichen können. Sie können einen Stoffwechselzustand erreichen, mit dem Sie physisch und psychisch höchste Kraft entfalten können. Es ist ein realer, stoffwechselbedingter Zustand, den jeder erreichen kann! Diesen Zustand können Sie erreichen durch das Gleichgewicht der Makronährstoffe: Kohlenhydrate, Eiweiß und Fett. Dieser Zustand hat Auswirkungen auf alle Lebensbereiche.

Sie können mit diesem Stoffwechselzustand Folgendes erreichen:
Körperliche und geistige Maximalkraft. Hohe Konzentrationsfähigkeit, geistige Klarheit. Wachheit, die plötzliche Ermüdung nach dem Essen verschwindet. Spaß am Essen! Sattsein für 4–5 Stunden, damit Sie keine Gelüste auf etwas Süßes nach dem Essen haben. Damit Sie keine Heißhungerattacken mehr haben.

Positive Beeinflussung scheinbar zufälliger Körper- und Geistessymptome. Eigenverantwortlichkeit, denn Sie bestimmen, was Sie essen und wie es Ihnen geht. Umwandlung von Körperfett in Körpermasse. Mehr Energie. Idealgewicht. Sie können Ihr Essen ohne schlechtes Gewissen genießen. Sie müssen, ja, Sie dürfen nie wieder hungern. Einen wachen Blick und vieles mehr.

Das hört sich fast etwas unglaubwürdig an – ist es aber nicht, denn das, was Ihr Körper dafür braucht ist: eine ausreichende Ernährung!

Wie geht das? Es geht um die Harmonie, um das Gleichgewicht der Hormone. Es geht um die Ernährung im hormonellen Gleichgewicht. Ich nenne diese Ernährung: Harmonja. Im Folgenden werde ich die Ernährung im hormonellen Gleichgewicht so nennen. Harmonja ist eine Ernährungsform, die ein hormonelles Gleichgewicht zur Folge hat, mit dem Sie in Ihren bestmöglichen körperlichen und geistigen Zustand kommen.

Harmonja ist keine herkömmliche Diät, Sie können körperliche und geistige Maximalkraft erreichen. Dieses Buch stellt keine herkömmlich bekannte Diät vor, die Sie befolgen müssen. Und Sie müssen sich auch nicht bis zu absoluten Nervenkrise durch Entsagung selbst kasteien. Dieses Buch zeigt die hormonelle Reaktion des Körpers auf die Nahrungsmittel auf und vermittelt Ihnen das Wissen, welche Hormonreaktionen für Sie am günstigsten sind, um körperliche und geistige Maximalkraft zu erreichen.

Das geht über die Nahrung, und Sie können das spüren. Diese Ernährungsweise gewährleistet, dass Ihre Zellen ausreichend mit Nährstoffen, Sauerstoff und Wasser gefüllt sind, denn wenn die Zellen prall gefüllt sind, können sie optimal arbeiten.

Das ist kein neuer Trend, das sind Erkenntnisse aus der Ernährungswissenschaft. Sie entscheiden, wie Sie dieses Wissen nutzen. Es kommt auf das persönliche Ziel des Einzelnen an, auf die Prioritäten, die wir uns setzen. Nicht jeder reagiert auf Nahrung gleich, und doch ist eine Ernährung im hormonellen Gleichgewicht – Harmonja – für jeden von großem Wert für die Gesundheit. Mehr dazu im Kapitel: Nicht jeder reagiert gleich.

Das hormonelle Gleichgewicht ist ausschlaggebend für unser Befinden. Befinden wir uns im hormonellen Gleichgewicht, geht es uns physisch und psychisch gut. Geraten wir jedoch aus diesem optimalen Zustand, entwickeln wir körperliche oder geistige Beschwerden wie:

1. Schlafstörungen
2. depressive Verstimmungen
3. Antriebslosigkeit
4. chronische Müdigkeit
5. Konzentrationsschwäche
6. unstillbaren Hunger oder Durst
7. Heißhunger auf Süßes
8. Missmut
9. Beziehungslosigkeit
10. Gewichtsprobleme
11. Aggressionen
12. Spannungskopfschmerz
13. unerklärliche Trauer

Das hormonelle Gleichgewicht ist ausschlaggebend für unsere Gesundheit

Nutzen Sie das Wissen über die hormonelle Reaktion der Nahrung, die unsere stärkste Medizin ist, bei:

1. *Herz-Kreislauf-Erkrankungen wie Bluthochdruck, hohen Cholesterinwerten usw.*
2. *Allergien*
3. *Infektanfälligkeit*
4. *chronischen Schmerzen in Rücken, Gelenken, Muskeln usw.*
5. *Migräne*
6. *Verdauungsproblemen*
7. *Hauterkrankungen*

„Unerklärbare" Symptome

Menschen, die unter diesen oder ähnlichen „nicht zu erklärenden Symptomen" leiden, sind besonders aufgerufen, sich um ihr hormonelles Gleichgewicht zu kümmern. Am einfachsten geschieht dies über die Nahrung, denn essen dürfen wir täglich. Und das mindestens dreimal. Und da Nahrung eine hormonelle Reaktion zur Folge hat, kann man sie gleich so einsetzen, dass sie uns nutzt und nicht schadet. Klingt logisch. Oder? Nahrung ist die wirkungsvollste Medizin, die wir zur Verfügung haben.

Es ist leicht, Harmonja anzuwenden, bei jeder Mahlzeit, jeden Tag – immer öfter. Sie können diese Ernährung überall anwenden, ob zu Hause, unterwegs, im Restaurant oder in der Kantine. Die Kombinationen lassen sich problemlos überall zusammenstellen. Mir liegt am Herzen, dass Sie nach Lesen dieses Buches wirklich mehr Wissen haben und ermuntert werden, Ihre Nahrungszusammenstellung zu überprüfen.

Wissen, das Ihnen nutzt, den Alltag besser durchzustehen, allen Anforderungen gewachsen zu sein, ohne einen hohen gesundheitlichen Preis zu bezahlen, Ihr Gewicht in Ordnung zu bringen oder es zu halten, Stress anders zu betrachten, gesünder, leistungsfähiger, kreativer und letztendlich auch glücklicher zu sein. Denn es ist ein gutes Gefühl, sich selbst helfen zu können.

Das Tolle ist, Sie brauchen keinen Arzt, keine Pillen oder teure Untersuchungen. Sie brauchen das, was Sie sowieso täglich mindestens dreimal zu sich nehmen. Sie brauchen: Nahrung !!! Sie brauchen: Information!!! Gewichtsverlust und das Erreichen optimaler körperlicher und geistiger Gesundheit hat nicht nur etwas mit Willenskraft zu tun.

In den USA kennt das fast schon jeder. Die von mir benannten Erkenntnisse basieren auf Untersuchungen von Dr. Barry Sears, der in den USA eine unglaubliche Welle losgelöst und ungeheuer viele Menschen damit erreicht hat, so dass sich Restaurants, Bringservices und ganze Supermärkte nach diesem Prinzip ausgerichtet haben. Das Buch „Das Optimum", das Dr. Sears dazu geschrieben hat, ist leider so kompliziert, dass man es fast als ein eigenes Studium ansehen muss. Meine Erfahrung und auch die meiner Patienten ist: Es geht auch einfacher! In diesem Buch sind die Dinge so vereinfacht, dass jeder, der etwas für sich tun will, die Information direkt umsetzen kann. Weitere Quellenangaben entnehmen Sie bitte dem Anhang.

Da ist etwas Eigeninitiative gefragt. Wir müssen uns schon selbst darum kümmern, was wir essen, und das ist in der Tat etwas aufwändiger als sich mittags an die Frittenbude zu stellen und abends ins Fastfoodlokal. Es ist eine Frage der Priorität, und der etwas abgedroschen klingende Satz „Du bist, was Du isst" hat seine Richtigkeit. Denn schließlich bestehen wir rein physisch aus dem, was wir gegessen haben und was der Körper daraus gemacht hat. Körperfett oder Körpermasse. Körpermasse ist gut durchblutetes, kräftiges Gewebe, das einen hohen Stoffwechsel mit sich bringt, Körperfett ist träge und raubt uns Energien – und macht krank. Kümmern Sie sich darum, was Sie Ihrem Körper an Nahrung anbieten, und Sie werden von den Auswirkungen erstaunt sein. Das verspreche ich Ihnen.

Natürlich ist das hormonelle Gleichgewicht nicht nur abhängig von der Ernährung, es spielen Faktoren mit wie: Erbanlagen, Kummer, Sorgen, Existenzangst, Traumen, Verdrängung starker Gefühle und vieles mehr.

In solchen Fällen hilft die Ernährung Harmonja, besser mit den gegebenen Umständen fertig zu werden und neue Wege aus der Misere zu finden, denn ein gestärkter Körper und Geist ist leistungsfähiger, robuster und kreativer. Die gängigen Ernährungsregeln sind falsch! Die da heißen: Verzehren Sie viele Kohlenhydrate, wenig Eiweiß und kaum Fett. Welche Folgen diese Regeln für uns haben, werden Sie sehen, wenn Sie die hormonelle Reaktion des Körpers auf die Nahrung kennen.

Die Folgen der gängigen Ernährungsempfehlungen:
Wir werden immer dicker, bleiben es auch und entwickeln Zivilisationskrankheiten wie Diabetes, Fettsucht, Herz-Kreislauf-Beschwerden und dauernd wechselnde Alltagsbeschwerden. Diese Zustände können uns müde, schlapp, lustlos und auch depressiv machen. Wir versuchen mit Diäten, selbst auferlegten Maßregelungen und vielen Besuchen beim Arzt, diesem Kreislauf zu entkommen – erfolglos, denn wir wissen einfach nicht, wie es geht, damit es uns besser geht.

Dabei könnte es leichter sein, denn unsere Ernährung ist ein wesentlicher Einflussfaktor. „40 % der Bürger haben Übergewicht, weitere 20 % schleppen sogar extremes Übergewicht mit sich herum“, schrieb „Der Spiegel“ am 17. 10. 04, „die Fettsucht ist zur Gesundheitsgefahr Nummer eins aufgestiegen.“

Eigentlich weiß man ja, wie es geht – sich gesund zu ernähren. Wie oft ich diesen Satz schon gehört habe. „Wie denn?“, war meine Gegenfrage. „Na, du weißt schon: viel Gemüse und Obst, Kartoffeln, Nudeln, Vollkornbrot, kaum Fleisch und Fett.“ „Nein“, war dann jedes Mal meine Antwort, „wenn das funktionieren würde, wären nicht so viele Menschen dick, krank oder total essgestört, da sie trotz ‚gesunder‘ Ernährung dauernd zunehmen und wieder abnehmen müssen, wieder zunehmen und wieder abnehmen ... und so weiter, und das mit angeblich gesunden Lebensmitteln wie: Kartoffeln, Nudeln, Vollkornbrot.”

Da stimmt doch was nicht. Jeder hat diese Richtlinien im Kopf, und die meisten haben Probleme, ob mit Gewicht oder mit Gesundheit. Also kann da was nicht stimmen, so funktioniert unser Stoffwechsel nicht, so können wir nicht schlank, körperlich und geistig gesund bleiben oder werden. Alle Begriffe, die hier im Folgenden Erwähnung finden und die Sie noch nicht kennen, werden auf den nächsten Seiten ausreichend erklärt.

Das Harmonja Konzept:

1. *ist eiweißangepasst an den Bedarf, den alle Körperstrukturen brauchen, um arbeiten zu können. In unserem Körper kommt Eiweiß (Protein) in größeren Mengen vor als jede andere Substanz mit Ausnahme von Wasser.*
2. *reduziert „schlechte" Kohlenhydrate, also solche, die eine hohe Insulinausschüttung zur Folge haben.*
3. *reduziert „schlechte", also gesättigte Fette.*
4. *führt zu regelmäßigem Verzehr „guter", also ungesättigter Fette.*

Des Weiteren wird im Harmonja Konzept geachtet auf:

5. *ausreichende Flüssigkeitsaufnahme*
6. *ausreichende Bewegung*
7. *Reduktion von Stress*
8. *Schärfung der kritischen Betrachtung dessen, was uns so „aufgetischt" wird.*

Bei Harmonja geht es um Hormone und ums Gleichgewicht. Was ist das?
Harmonja setzt Nahrung so ein, dass ein günstiges Hormongleichgewicht erreicht wird, insbesondere der Hormone Insulin und Glukagon sowie der Häuptlingshormone, der Eicosanoide.

Hormone. Hormone sind die Hüter unseres Wohlbefindens. Sie steuern alle Körperabläufe und Körperfunktionen, sie sind also maßgeblich daran beteiligt, wie wir uns körperlich und geistig fühlen. Hormone sind Moleküle, die auf unterschiedlichen Wegen, etwa durch das Blut oder über die Nerven zu den Zellen gelangen, dort an einen Rezeptor passen und der Zelle ihre Arbeitsanweisung geben.

Man unterscheidet drei verschiedene Arten von Hormonen auf Grund ihrer Ausschüttung in den Organismus.

1. Endokrine Hormone: Sie werden in Drüsen gebildet, wie beispielsweise in der Bauchspeicheldrüse und der Nebenniere, gelangen in die Blutbahn und erreichen über diese ihr Zielorgan. Beispiel: Insulin und Glukagon, Cortisol, Wachstumshormon, Schilddrüsenhormone, Östrogen, Testosteron. Die übergeordnete Kommandozentrale für die Ausschüttung dieser Hormone ist der Hypothalamus. Eine kirschkerngroße Drüse, die in der Mitte des Gehirns sitzt. Der Hypothalamus erhält vom zentralen Nervensystem laufend Updates über Temperatur, Blutdruck und alle Hormonspiegel und reagiert dementsprechend mit Signalen zur Ausschüttung der benötigten Hormone.

2. Parakrine Hormone: werden vom Hypothalamus an die Hypophyse ausgeschüttet und kommen nicht im Blut vor. Sie benutzen Nerven als Wege. Beispiel: Melantonin, Serotonin.

3. Autokrine Hormone: Sie sind die Urhormone, da sie die kürzeste Distanz an Informationsübertragung zu absolvieren haben. Nämlich von Zelle zu Zelle in der direkten Nachbarschaft. Autokrine Hormone sind die wichtigsten Hormone, da sie 60 Billionen Zellen steuern. Sie beeinflussen alle anderen Hormone. Beispiel: Eicosanoide, die in der Ernährung im hormonellen Gleichgewicht eine Hauptrolle spielen.

Jetzt kommt etwas Theorie, aber da müssen Sie durch ... Auf den nun folgenden Seiten (nicht zu viele) wird es etwas „trockener“ zugehen, denn ich möchte Sie über ein paar wichtige Begriffe informieren, die Ihnen helfen, das Gesamtkonzept Harmonja erfolgreich und problemlos einzusetzen. Danach wird’s wieder leichter, amüsanter, informativer und erstaunlicher. Halten Sie die paar Seiten durch. Außerdem gilt hier die Schnell-und-ausführlich-Leser-Regel.

Zunächst einmal möchte ich Ihnen die drei wichtigsten Hormone in Bezug auf die Nahrungsaufnahme vorstellen. Die drei wichtigsten Hormone sind:

1. *Insulin*
2. *Glukagon*
3. *Eicosanoide*

Danach kommen die drei wichtigsten Makronährstoffe, Kohlenhydrate, Eiweiß und Fett. Auch diese sind auf den ersten Blick nicht sooo spannend, aber auf den zweiten schon, denn sie sind sehr wichtig, um Harmonja zu verstehen, um zu verstehen, wie wir funktionieren – um zu verstehen, wie wir essen sollen, damit wir uns im Gleichgewicht befinden. Aber jetzt erst mal die Hormone:

1. Insulin – Für Schnellleser – Zusammenfassung:

Insulin ist ein Hormon und wird aus der Bauchspeicheldrüse ausgeschüttet, wenn wir Kohlenhydrate verzehren, wie zum Beispiel Nudeln, Reis, Süßigkeiten oder Kartoffeln. Je mehr Kohlenhydrate wir essen, desto höher klettert der Insulinspiegel und desto drastischer fällt danach der Blutzuckerspiegel.

Das ist nicht gut für uns, denn ein niedriger Blutzucker hat negative Auswirkungen auf unsere Konzentration und unser Wohlbefinden, sendet die Signale Hunger und Müdigkeit aus und verhindert des Weiteren die Ausschüttung wichtiger Hormone. So erklärt sich der Kreislauf von Essen, bald wieder Hunger haben, müde sein, wieder essen müssen usw.

Wenn dauernd zu viel Insulin produziert werden muss, erhöht sich die Gefahr für Diabetes enorm, denn die Bauchspeicheldrüse erlahmt und die Andockzellen für Insulin, die dauernd überlastet werden, reagieren mit einer Insulinresistenz. Es ist wichtig, die Ausschüttung von Insulin zu kontrollieren, indem der Verzehr von schlechten Kohlenhydraten eingeschränkt wird. Dann wird gewährleistet, dass die vielen Nachteile, die Insulin mit sich bringt, nicht zum Tragen kommen. Für das weitere Verständnis der nächsten Seiten ist es wichtig zu wissen, was denn gute und schlechte Kohlenhydrate sind. Gute Kohlenhydrate: Gemüse, Obst, Salat, Kräuter und Hülsenfrüchte. Schlechte Kohlenhydrate: Weißmehl und alle Produkte daraus, Nudeln, Reis, Kartoffeln, Zucker, Alkohol.

Fazit: Zu viel Insulin macht dick und krank – und auch nicht schlauer. Der Idealfall ist, wenn der Blutzuckerspiegel konstant gehalten, d.h. die Insulinausschüttung durch die Reduktion schlechter Kohlenhydrate kontrolliert wird. Denn: Ein zu hoher, aber auch ein zu niedriger Insulinspiegel fördert den Alterungsprozess aller Zellen und damit alle einhergehenden Krankheiten und Beschwerden. Wenn Ihnen diese Zusammenfassung ausreicht, dann lesen Sie bitte weiter bei Glukagon.

Für Ausführlichleser

Insulin hält den Blutzucker konstant. Das bedeutet: Kohlenhydrate werden im Körper zu Zucker zerlegt. Kaum haben wir Kohlenhydrate gegessen, registrieren die Geschmacksknospen im Mund „Aha, jetzt kommt Zucker“ und senden dies über ein Nervenkabel ans Kleinhirn. Von dort erfolgt sofort eine Rückmeldung an die Bauchspeicheldrüse, die umgehend Insulin ins Blut freisetzt.

Insulin schaufelt den ankommenden Zucker, denn Kohlenhydrate werden in Zucker zerlegt, aus dem Blut in die Zellen von Leber und Muskeln, wo er zur Energiegewinnung gebraucht wird. Zucker versorgt die Mitochondrien, das sind die Kraftwerke der Zellen, mit ATP (Adeno-Tri-Phospat). ATP ist der Kraftstoff der Zelle.

Das heißt:
1. *Kohlenhydrataufnahme.*
2. *Signal ans Kleinhirn.*
3. *Insulinausschüttung in Bauchspeicheldrüse.*
4. *Zucker wird aus Blut geschaufelt.*
5. *der Blutzucker sinkt, wird dadurch konstant gehalten.*
6. *Zucker wird in die Zellen eingeschleust, erzeugt Energie und die Zelle kann arbeiten.*

Insulin ist ein Speicherhormon. Das bedeutet: Die Menge an Zucker, die nicht in Leber und Muskeln abgeladen werden kann, da diese nur eine begrenzte Speicherkapazität haben, wird vom Insulin in die Depots gebracht und dort als Fett gespeichert. Das heißt, wenn wir zu viel Kohlenhydrate auf einmal essen, also mehr, als wir speichern können, wird der Rest als Fett gespeichert.

Wie viel Zucker auf einmal im Blut ankommt und wie viel davon überschüssig ist und als Fett gespeichert wird, hängt davon ab, um welche Kohlenhydrate es sich handelt, denn sie werden unterschiedlich schnell in Zucker zerlegt. Dieser Aspekt ist von großer Bedeutung (siehe dazu Kapitel Kohlenhydrate). Die begrenzte Speicherkapazität erklärt sich aus der begrenzten Anzahl von Rezeptoren, an die sich der Zucker binden kann.

Insulin verhindert Fettabbau. Das bedeutet: Wenn der Blutzuckerspiegel auf einen kritischen Wert gesunken ist – wir uns in einem Unterzucker befinden, und das Gehirn nach Nahrung schreit –, dann kann der Körper nicht selber Zucker aus den Depots lösen und dem Gehirn als Nahrung bereitstellen, weil das Speicherhormon Insulin die Zuckerreserven in den Fettdepots verschlossen hat. Beachte: Was Insulin einmal hat, gibt es nicht wieder her. Das hat es in Notzeiten gelernt. Das bedeutet, der Körper braucht von außen zugeführten Zucker, um weiter arbeiten zu können, und das bedeutet, er braucht eine neue Ladung an Kohlenhydraten.

Das heißt:
1. *Blutzucker sinkt durch Arbeit des Gehirns.*
2. *Gehirn meldet Nahrungsbedarf an.*
3. *Körper versucht aus Fettzellen Zucker zu lösen.*
4. *Erfolglos, denn Insulin hat Reserven verschlossen.*
5. *Gehirn sendet stärkeren Impuls.*
6. *Wir bekommen Hunger, leiden an Konzentrationsschwäche usw.*
7. *Wir greifen zu Kohlenhydraten, die schnell in Zucker zerlegt werden, die heißen später im Buch dann die schlechten, um das Gehirn schnellstmöglich wieder zu füttern (siehe Kapitel Kohlenhydrate).*

Beispiel dafür, dass das Insulin ein Speicherhormon ist: Sie bekommen einen großen Korb Süßigkeiten geschenkt und fangen auch gleich an, diese genüsslich zu verspeisen. Doch es ist viel zu viel im Korb, und Sie können nicht alles auf einmal essen. Da Sie aber Angst haben, dass die süße Pracht gestohlen wird, wenn Sie den Korb einfach stehen lassen, packen Sie den Rest in eine Tüte, verschließen sie gut und vertrauen diese Ihrem Partner (Insulin) an.

Haben Sie später wieder Hunger auf etwas Süßes, haben Sie die Rechnung ohne den Wirt gemacht, denn Ihr Partner (Insulin) hat die Charaktereigenschaft, alles zu horten: Er hat die Tüte in den Safe gesperrt, und da bleibt sie auch – „Erst mal“, sagt er.

Das Gehirn braucht aber jetzt Zucker – und zwar schnell Da also an die Vorräte kein Rankommen ist, nehmen Sie eine neue Ladung Kohlenhydrate aus Ihrem Vorratsschrank zu sich, in Form von Schokolade, Chips oder Ähnlichem. Hauptsache, es ist ein Kohlenhydrat, das schnell zu Zucker umgewandelt wird, denn das Gehirn lebt ausschließlich von Zucker und muss ja weiter arbeiten. Also muss es schnell gehen.

Eigentlich sind die Zuckerreserven ja noch von der letzten Mahlzeit prall gefüllt, können aber nicht benutzt werden, da das Insulin dies verhindert. Was passiert also: Das Gehirn nimmt sich so viel Zucker, wie es für den Moment braucht. Und der Rest? Da beginnt der Kreislauf von vorne: Das Insulin schnappt sich den Zucker, lagert es in die Fettdepots und verschließt es ...

Was passiert nachts? Nachts sinkt der Blutzucker und der Insulinspiegel, dass heißt für den Körper eigentlich eine gute Voraussetzung, Energie aus den Fettreserven zu lösen, um diese für Reparatur und Regeneration der Zellen zu nutzen. Denn bei niedrigem Insulinspiegel kann der Körper auf Zuckerreserven in den Fettzellen zurückgreifen. Doch was passiert, wenn die Fettzellen ins Blut kommen, die Muskelzellen aber noch prall gefüllt sind mit Zucker vom kohlenhydratreichen Abendessen?

Sie sind deshalb voll, weil der Insulinspiegel beim Abendessen durch zu viele Kohlenhydrate zu hoch war und das Insulin die Reserven verschlossen hat.

Es besteht kein Energiebedarf, d.h. die Muskeln können nichts aufnehmen und die Fettzellen haben drei Möglichkeiten:

1. *zurück in die Depots (wir bleiben also dick)*
2. *im Blut bleiben (die Blutfette, das Cholesterin, steigen)*
3. *in die Muskelzellen einlagern*

Fazit: Insulin macht dick und sorgt auch dafür, dass es so bleibt! Durch einen dauernd erhöhten Insulinspiegel, durch die Aufnahme schlechter Kohlenhydrate entwickeln die Andockzellen für Insulin eine Insulinresistenz, weil sie auf Dauer ermüden. Siehe dazu Kapitel Diabetes Typ 2.

Nachteile von zu hohem Insulin:
Physische Nachteile

1. *Bringt andere Hormonsysteme aus dem Gleichgewicht, vor allem die Eicosanoide.*
2. *Sie werden oder bleiben dick.*
3. *Sie altern schneller, denn Insulin beschleunigt den Wachstumsfaktor, d.h. beschleunigt die Zellteilung, bei jeder Zellteilung verkürzen sich die DNA-Stränge, was die Lebensdauer jeder Zelle verkürzt.*
4. *Erhöht die Insulinresistenz, so dass der Blutzucker steigt. Die Niere scheidet dann Zucker aus, Diabetes ist unweigerlich die Folge.*
5. *Erhöht die Produktion des schlechten Cholesterins in der Leber und schadet somit dem Herzen.*
6. *Schwächt die Abwehr, denn es schwächt immunaktive Stoffe wie die T-Zellen.*
7. *Schwächt die Ausdauer, denn Ausdauer ist Fettverbrennung mit Sauerstoff. Bei hohem Insulin läuft die Verbrennung auf den Reserven der Kohlenhydrate, und die sind schnell erschöpft. Daher auch Verlust von Kraft.*
8. *Verhindert die Zerstörung von Blutverklumpung.*
9. *Erhöht die Einlagerung von Körperfett.*
10. *Erhöht die Schmerzübertragung.*

11. Verhindert die Ausschüttung von Glukagon, dem Gegenspieler von Insulin.
12. Bewirkt Nervenzellschädigung.
13. Vermindert Fettverbrennung.
14. Gier auf Kohlenhydrate.
15. Kurzes Sättigungsgefühl nach den Mahlzeiten.
16. Wassereinlagerungen.
17. Erhöhtes Risiko zu erkranken.

Psychische Nachteile

1. Schlechte Konzentration.
2. Müdigkeit nach dem Essen.
3. Stimmungsschwankungen.
4. Zu viel Insulin macht dumm, denn dauernde Blutzuckerschwankungen beeinträchtigen die Konzentration und das Gedächtnis.

Ganz schön viele Nachteile für ein einziges Hormon. Wir sollten also darauf achten, dass wir die Insulinausschüttung über die Nahrungsaufnahme kontrollieren. Das ist eines der wichtigsten Ziele von Harmonja!

Die Insulinausschüttung wird stimuliert durch:

1. Verzehr von schlechten Kohlenhydraten.
2. Verzehr von zu vielen Kalorien, also zu großen Portionen von allem.

Das bedeutet:
Zu viele schlechte Kohlenhydrate steigern die Insulinproduktion, was zu einer vermehrten Nahrungsaufnahme führt, die eine Insulinresistenz bewirkt, was wiederum den Insulinspiegel steigert.

2. Glukagon

Hier gibt es keine Zusammenfassung, es ist kurz und wichtig. Glukagon ist ein Hormon, der Gegenspieler des Insulins, und wird aus der Bauchspeicheldrüse ausgeschüttet, wenn wir fettarmes Eiweiß verzehren. Die Ausschüttung ist für uns von großer Wichtigkeit, denn sie gewährleistet, dass der Blutzuckerspiegel konstant ist. Der Blutzucker ist dann konstant, wenn Insulin und Glukagon zur gleichen Zeit ausgeschüttet werden, und das geschieht, wenn wir Kohlenhydrate und Eiweiß zusammen verzehren.

Weitere Funktionen des Glukagons: Glukagon ist in der Lage, Zuckerreserven aus den Fettdepots zu lösen und zur Energiegewinnung bereitzustellen. Glukagon ist verantwortlich für die optimale Versorgung des Gehirns mit Zucker! Ist der Insulinspiegel zu hoch, kann das Glukagon nicht arbeiten. Glukagonausschüttung wird durch einen zu hohen Insulinspiegel verhindert!

Ist das Insulin nicht im Gleichgewicht mit Glukagon bedeutet das, dass der Blutzucker sinkt, denn durch die Gehirntätigkeit wird ständig Zucker verbraucht und das Insulin verhindert, dass körpereigene Reserven angetastet werden. Die Folgen haben wir im Kapitel Insulin gesehen.

Zu hoher Insulinspiegel heißt niedriger Blutzuckerspiegel.
Niedriger Blutzucker heißt für uns:

1. Konzentrationsstörungen
2. Müdigkeit
3. Kopfschmerzen
4. Zerstreutheit
5. aggressive Stimmung
6. Heißhunger

Wird kein Glukagon ausgeschüttet, stellt der Körper Cortisol als Notfallmittel bereit, um den Blutzuckerspiegel anzuheben. Das hat den Nachteil, dass ein hoher Cortisolspiegel das Absterben von Gehirnzellen zur Folge hat, die dem Kurzzeitgedächtnis unterliegen. Das heißt: Ein zu hoher Cortisolspiegel, der als Notmittel eingesetzt wurde, weil nicht genug Glukagon vorhanden war, hat Gedächtnisverlust zur Folge. Zu viel Cortisol wird auch bei Stress ausgeschüttet. (Siehe dazu Kapitel Stress.)
Die Glukagonausschüttung wird stimuliert durch den Verzehr von fettarmem Eiweiß wie Geflügel, Fisch, fettarmer Milchprodukte oder Tofu.

Die wichtigste hormonelle Erkenntnis von Harmonja bis hierher:

Kohlenhydrate haben Insulinausschüttung zur Folge. Eiweiße haben Glukagonausschüttung zur Folge. Wenn Insulin und Glukagon im Gleichgewicht sind, d.h. wenn sie gleichzeitig ausgeschüttet werden, dann bleibt der Blutzucker konstant.

Das ist gut, denn dann entfallen alle negativen Folgen von zu hohem Insulin, und bei konstantem Blutzucker werden gute Eicos gebildet, der Stoffwechsel kann auf Hochtouren laufen und wir erreichen körperliche und geistige Maximalkraft. Dann ist das ja ganz einfach – wir müssen nur Insulin und Glukagon bei jeder Mahlzeit ausschütten. Wie geht das?

Durch die Kombination von Kohlenhydraten und Eiweißen bei jeder Mahlzeit. Puh, das hätte uns schlechter treffen können, das hört sich gar nicht so schwer an und vor allem auch nicht so, als wenn man auf etwas verzichten müsste. Genau so ist es auch, Sie können alles essen, sollten Ihr neues Wissen klug einsetzen und Ihre Mahlzeiten nach diesen logischen Kriterien kombinieren: Zu Kohlenhydraten immer Eiweiß. Welche Kohlenhydrate und Eiweiße am günstigsten sind, lesen Sie bitte etwas später.

3. Eicosanoide – für Schnellleser – Zusammenfassung:

Eicos sind Gewebshormone, die einen überaus wichtigen Einfluss auf unsere Gesundheit haben. Sie steuern unser komplettes Hormonsystem, alle 60 Billionen Zellen die wir haben, unser Immunsystem, den Schlaf-Wach-Rhythmus, das Zentralnervensystem, Herz-Kreislauf-System, jegliche Vitalfunktion - das alles wird von den Eicos gesteuert. Es gibt von ihnen gute und schlechte. Die guten nutzen, die schlechten schaden uns.

Wir brauchen gute Eicos für einen guten Stoffwechsel – um Gesundheit und Wohlbefinden zu erlangen und um schlank und glücklich zu sein. Es sind die von mir genannten Häuptlingshormone – die stärkste biologische Waffe, die wir haben.

Wie werden gute Eicos gebildet?

1. *Durch den Verzehr von guten Fetten, denn diese Fette sind die Bausteine für gute Eicos und sind über die Nahrung aufzunehmen, da der Körper sie nicht selber herstellen kann.*
2. *Wichtig für die Bildung guter Eicos ist die Hormonbalance von Insulin und Glukagon, durch sie wird ein konstanter Blutzuckerspiegel erreicht.*

Wie werden schlechte Eicos gebildet?

1. *Durch den Verzehr von zu vielen schlechten Kohlenhydraten, denn die Folge ist ein erhöhter Insulinspiegel.*
2. *Durch den Verzehr von zu viel schlechtem Fett.*

Hier zum Verständnis: Gute Fette sind ungesättigte Fette, die bei Raumtemperatur flüssig sind. Beispiel Olivenöl. Schlechte Fette: gesättigte Fette, die bei Raumtemperatur fest sind. Beispiel Butter. Ausführliches erfahren Sie im Kapitel Fette. Wenn Ihnen die Informationen bis hierher reichen, dann lesen Sie bitte weiter ab Kohlenhydrate.

Für Ausführlichleser

Eicosanoide – sind Gewebshormone. Sie sind autokrine Hormone, die nicht im Blut vorkommen, sondern im Gewebe. Daher werden sie von den Ärzten vernachlässigt, denn man kann sie schlecht nachweisen. Sie sind von überaus großer Wichtigkeit, denn sie steuern unser komplettes Hormonsystem, jegliche Vitalfunktionen, das Herz-Kreislauf-System, das Immunsystem, Zentralnervensystem und den Schlaf-Wach-Rhythmus.

Wie alle Hormone kommen auch die Eicos als Hormonpaar vor und funktionieren in einer Hormonachse, d.h. es stehen sich Hormone mit entgegengesetzter Wirkung gegenüber.

Einfacher gesagt gibt es gute und schlechte Eicos. Das heißt, solche die uns nutzen und solche, die uns schaden. Zwar brauchen wir auch ein paar von den schlechten, aber wichtig ist die Balance der beiden. Gerät diese aus dem Lot und die schlechten überwiegen, kommt es zu Entzündungen, sind Schmerzen und Krankheit die Folge.

Die Eicos sind in der Lage, die Zellfunktion ein- und auszuschalten, dadurch regulieren sie alle Zellfunktionen. Es sind die von mir genannten Häuptlingshormone, die stärkste biologische Waffe, die wir haben.

Eicos haben Macht. Die stärksten Medikamente, die die Pharmaindustrie entwickelt hat, z.B. Cortison und alle sich auf dem Markt befindenden Schmerzmittel, wirken ausschließlich auf die Eicosanoide. Denn hat sich das Gleichgewicht verschoben, indem es mehr schlechte als gute Eicos gibt, bilden sich Entzündungen und Schmerzen, es entsteht eine Krankheit.

Ein Hormon, das zur Gruppe der Eicos gehört, ist das Prostaglandin. Befindet sich eine Entzündung im Körper, ist das Prostaglandin stark erhöht. Die Medikamente wirken, indem sie dieses Hormon unschädlich machen.

Sozusagen eines der schlechten Eicos ausschalten. Das Problem dabei ist nur, dass das Medikament nicht zwischen gut und schlecht unterscheiden kann und so gute, für uns sehr wichtige Eicos auch unschädlich macht. Das wirft uns dann wieder aus dem Gleichgewicht. Auch eines unserer beliebtesten Kopfschmerzmittel, das mit dem Wirkstoff Acetylsalicylsäure, hat diese Wirkung.

Ein anschauliches Beispiel für die übergeordnete Stellung der Eicos: Stellen Sie sich ein Auto vor. Tanken wir den richtigen Sprit (Nahrung), können alle Systeme im Auto reibungslos funktionieren. Tanken wir falsch, läuft nichts mehr bzw. es ruckelt nur noch. Genauso ist es bei uns auch, nur oft nicht so abrupt, sondern eher schleichend.

Gute Eicos brauchen gutes Fett. Je nachdem, wie wir unsere Nahrung zusammenstellen, welche Fette wir essen, bilden sich gute oder schlechte Eicos. Wir brauchen also gute Fette, um gute Eicos zu produzieren. Wie z.B. Olivenöl, Avocado, Nüsse. Mehr dazu im Kapitel Fette.

Gute Eicos brauchen einen konstanten Blutzuckerspiegel. Der Blutzuckerspiegel ist dann konstant, wenn eine Hormonbalance zwischen den Hormonen Insulin und Glukagon besteht.

Wie erreiche ich die Balance von Insulin und Glukagon? Indem ich weiß, welches Lebensmittel Insulin- und welches Glukagonausschüttung zur Folge hat. Halte ich diese Lebensmittel in einer guten Kombination, erhalte ich eine Hormonbalance.

Insulin wird ausgeschüttet durch den Verzehr von Kohlenhydraten. Glukagon wird ausgeschüttet durch den Verzehr von Eiweiß. Diese Aussage ist von elementarer Wichtigkeit und begleitet Sie das ganze Buch über.
Auf den nächsten Seiten werden Sie sehen, welche Lebensmittel zu den Kohlenhydraten und welche zu den Eiweißen gehören und wie diese kombiniert werden.

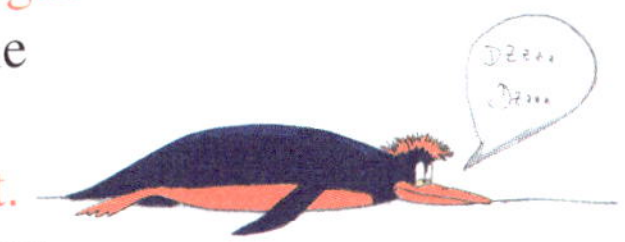

Schlechte Eicos werden durch einen hohen Insulinspiegel gebildet. Ein hoher Insulinspiegel ist gegeben, wenn zu viele schlechte Kohlenhydrate verzehrt werden.
Schlechte Eicos werden durch schlechte Fette gebildet. Durch den Verzehr schlechter Fette werden schlechte Eicos gebildet. Z.B. fettes, rotes Fleisch, Wurst, Innereien, Butter. Daraus folgt:

Es scheint ratsam, so viel wie möglich gute Eicos zu produzieren: Zu viel schlechte sind der Beginn von Krankheit, denn Krankheit beginnt in der Zelle. Also gute Fette und gute Kohlenhydrate essen, schlechte Fette und schlechte Kohlenhydrate meiden oder reduzieren.

Den ersten Teil der etwas trockenen Theorie haben Sie jetzt geschafft – gratuliere, jetzt kommen noch die für die erfolgreiche Anwendung von Harmonja wichtigen Makronährstoffe – die kann man essen, auch wenn es sich nicht so anhört. Halten Sie noch etwas durch, als Belohnung können Sie dann im darauffolgenden Kapitel Ihr neues Wissen umsetzen und endlich über genussvolles Essen lesen.

Die drei Makronährstoffe, die Sie kennen sollten, um die Ernährung nach dem Harmonja Konzept leicht und überall anwenden zu können, sind:

1. *Kohlenhydrate*
2. *Eiweiß*
3. *Fett*

1. Kohlenhydrate, für Schnellleser – Zusammenfassung:

Schlechte Kohlenhydrate sollten stark reduziert oder vermieden werden, da sie eine hohe Insulinausschüttung zur Folge haben, mit allen beschriebenen Nachteilen. Verringern oder meiden Sie: Weißmehl, alle Getreideprodukte, Zucker, Kartoffeln, Reis, Softdrinks, versteckte Zucker, Berge von Nudeln, Alkohol, Trockenfrüchte.

Greifen Sie zu bei: Obst, Gemüse, Hülsenfrüchten, Salat und Kräutern. Das können Sie sich merken: Überschüssige Kohlenhydrate enden als überschüssiges Fett und machen krank, dick und müde.

Wenn Ihnen die Zusammenfassung ausreicht, dann lesen Sie bitte weiter ab Eiweiß.

Für Ausführlichleser – Kohlenhydrate

Kohlenhydrate sind Energielieferanten und als Zucker oder Stärke in unseren Lebensmitteln enthalten. Kohlenhydrate sind wichtig für uns, da sie uns mit dem nötigen Zucker versorgen, den unser Gehirn und unsere Muskeln zum Leben brauchen. Alle Kohlenhydrate werden zu Zucker zerlegt. Je nach ihrem molekularen Aufbau die einen sofort beim Verzehr, die anderen erst in der Leber. Kohlenhydrate haben alle einen pflanzlichen Ursprung.

Kohlenhydrate kann man in drei Formen des Zuckers aufteilen:

1. *Glukose kommt in Getreide, Brot, Teigwaren, Gemüse und Stärke als Traubenzucker vor.*
2. *Fruktose kommt im Obst als Fruchtzucker vor.*
3. *Galaktose kommt in Milch und Milchprodukten als Milchzucker vor.*

Was zählt zu den Kohlenhydraten?

1. *Alle Getreide sowie deren Produkte:*
   Brot, Gebäck, Nudeln, Reiswaffeln
2. *Gemüse und Kartoffeln*
3. *Obst*
4. *Hülsenfrüchte*
5. *Zucker, braun, weiß, Kandis usw.*
6. *Süßungsmittel, Honig, Ahornsirup usw.*
7. *Alle süßen Getränke, Cola, Apfelschorle usw.*
8. *Jeder Alkohol*
9. *Alle Süßigkeiten.*

Zucker dient der Energiegewinnung für Muskeln und als Nahrung für unser Gehirn. 1/3 des Zuckers wird in der Leber gespeichert, 2/3 in den Muskeln. Das Gehirn hat aber nur auf die Reserven in der Leber Zugriff. Wenn der Zucker durch den Verzehr von Kohlenhydraten in den Blutkreislauf einströmt, wird Insulin ausgeschüttet. Dieses Hormon bringt den Zucker zur Energiegewinnung zu den vorgesehenen Speichern in Leber und Muskeln. Die Speicherkapazität an Zucker in Muskeln und Leber ist begrenzt. Was ist also mit den Kohlenhydraten, die zu viel verzehrt wurden und nicht in Form von Zucker in Leber oder Muskeln gespeichert werden können? Es bleibt nur eine Möglichkeit: Die restlichen Kohlenhydrate werden vom Insulin einkassiert und in die Fettdepots gebracht.

Überschüssige Kohlenhydrate enden als überschüssiges Fett! Denken Sie bitte daran, wenn Sie das nächste Mal zu einer fettfreien Reiswaffel greifen. Die Zuckerreserven der Leber müssen regelmäßig aufgefüllt werden, denn das Gehirn hat keinen Zugriff auf die Reserven in den Muskeln, das Gehirn ernährt sich ausschließlich von Zucker, der in der Leber gespeichert ist. Das heißt: Wir müssen Kohlenhydrate essen, damit unser Gehirn auf Hochtouren laufen kann. Damit es kontinuierlich mit Zucker versorgt wird und es zu keinen Versorgungseinbrüchen kommt, ist es von großer Bedeutung, welche Kohlenhydrate wir zu uns nehmen. Da kann man gute und schlechte Kohlenhydrate unterscheiden. Ob sie gut oder schlecht sind, hängt vom Blutzuckerindex ab.

Blutzuckerindex. Beim Blutzuckerindex handelt es sich um die Aufnahmegeschwindigkeit der Kohlenhydrate in den Blutkreislauf, also wie schnell oder langsam die Kohlenhydrate in Zucker zerlegt werden und dann in den Blutkreislauf gelangen. Schnelle Aufnahme bedeutet, das ist schlecht für uns, da es eine große Insulinausschüttung zur Folge hat. Langsame Aufnahme bedeutet, das ist gut für uns, da nur eine geringe Insulinausschüttung erfolgt. Die Aufnahmegeschwindigkeit von Kohlenhydraten in den Blutkreislauf nennt man: Blutzuckerindex.

Den Blutzuckerindex beeinflusst: 1. Die molekulare Struktur, also der Aufbau des Zuckers in der Nahrung, sprich die Art des Zuckers: Glukose, Fruktose oder Galaktose. 2. Ob bei dem Lebensmittel Faseranteile vorhanden sind oder nicht. Obst hat Faseranteile und der Fruchtzucker gelangt langsamer ins Blut, weil die Faseranteile bremsend wirken. Anders dagegen Obstsaft, dem die Faseranteile durch die Pressung entzogen wurden: Saft rauscht als schneller Zucker ungebremst in den Blutkreislauf, was eine hohe Insulinausschüttung zur Folge hat.

Vorteile eines niedrigen Blutzuckerindex:

1. *Der Zucker gelangt langsam ins Blut, daraus resultiert*
2. *ein geringer Anstieg des Blutzuckerspiegels und folglich*
3. *eine geringe Insulinausschüttung.*
4. *Eine geringe Insulinausschüttung ist gut.*

Nachteile eines hohen Blutzuckerindex:

1. *Der Zucker gelangt explosionsartig ins Blut, daraus resultiert*
2. *ein massiver Anstieg des Blutzuckerspiegels und folglich*
3. *eine massive Insulinausschüttung.*
4. *Eine hohe Insulinausschüttung ist schlecht.*

Gute Kohlenhydrate haben einen niedrigen Blutzuckerindex. Dazu zählen:

Obst
Gemüse
Salat
Kräuter
Hülsenfrüchte

Schlechte Kohlenhydrate haben einen hohen Blutzuckerindex. Dazu zählen:

Kartoffeln und alle Produkte daraus wie: Pommes, Chips, Kroketten
Getreide und alle Produkte daraus wie: Brot, Nudeln, Müsli, Kuchen, Gebäck usw.
Reis
Alkohol
Fruchtsäfte
Getrocknete Früchte

Wichtig zu wissen bei Getreide, Obst und Hülsenfrüchten:

1. Getreide

Je höher der Faseranteil, desto langsamer geht der Zucker ins Blut. Das bedeutet: Vollkornprodukte und deren Mehle sind vorzuziehen, da sie noch die für uns so wichtigen Vitamine, Mineralstoffe und Fasern besitzen. Am besten ist das Essener Brot, denn es ist das einzig gekeimte Brot und Keimung bedeutet, dass ein Teil der Kohlenhydrate in Eiweiß umgewandelt wird. Erhältlich im Bioladen oder beim Vollwertbäcker. Ansonsten jedes Vollkornbrot, solange es aus 100 % Vollkorn besteht. Bitte fragen Sie in Ihrer Bäckerei nach, denn es ist erlaubt, ein Brot als Vollkornbrot zu bezeichnen, auch wenn es Weißmehl enthält.

2. Obst

Obst in seiner natürlichen Form ist Obstsäften vorzuziehen, da Obstsäften die Faserstoffe fehlen und sie deshalb sofort in Zucker umgewandelt werden und ungebremst ins Blut sausen. Das bedeutet: Der von so vielen Menschen geliebte frisch gepresste Orangensaft am Morgen – man denkt, man tut sich was Gutes – hat gravierende Folgen für den ganzen Tag. Denn: Der explosionsartige, große Schwall von Zucker, der ins Blut rauscht, hat einen derart hohen Insulinspiegel zur Folge, dass man den ganzen Tag mit den Folgen dieses Angriffs zu kämpfen hat.

Bananen: nehmen eine Sonderstellung bei den Obstsorten ein, denn die ganz reifen haben einen hohen Zuckergehalt und daraus resultiert eine hohe Insulinreaktion. Etwas unreifere Bananen sind deshalb vorzuziehen.

Ich betone das deshalb so, weil ich in der Praxis immer wieder erlebe, dass Schüler und Studenten über große Müdigkeit klagen und erzählen, sie äßen morgens 2 bis 3 Bananen, denn damit täten sie sich etwas Gutes. Die Müdigkeit ist damit schnell erklärt.

3. Hülsenfrüchte

Sie mögen jetzt vielleicht sagen: Hülsenfrüchte zählen doch zu den pflanzlichen Eiweißen. Das stimmt eigentlich auch, denn Hülsenfrüchte haben einen hohen Anteil an Eiweiß, sie haben aber einen noch höheren Anteil an Kohlenhydraten. Da bei dem Verzehr von Hülsenfrüchten Insulin ausgeschüttet wird, zählen Hülsenfrüchte zu den Kohlenhydraten. Zu den guten, denn die Insulinausschüttung ist mäßig.

Ein großer Teller Nudeln

Segen oder Fluch? Sie essen einen so beliebten, ja auch „gesunden" großen Teller Nudeln. Da Sie ja gesundheitsbewusst sind, essen Sie die Nudeln mit Gemüse oder Pesto. Ich könnte den Text auch schreiben für Kartoffeln mit Gemüse oder Reis mit Gemüse. Alle drei sind reine Kohlenhydratmahlzeiten. Ich betone das immer wieder, denn meine Erfahrung aus der Praxis zeigt, dass die meisten Menschen denken, sie tun sich damit etwas Gutes und Gesundes.

Was passiert genau:
Nudeln bestehen aus Stärke, und Stärke besteht chemisch aus Zucker. Dieser Zucker hat die Eigenschaft, schnell ins Blut zu gehen. Die Folge ist ein schnell erhöhter Blutzucker. Da der Körper sofort reagiert, denn er will den Blutzuckerspiegel so konstant wie möglich halten, kommt es zu einer schnellen, überschießenden Ausschüttung von Insulin.

Insulin schaufelt den Zucker aus dem Blut in Leber und Muskeln zur Energiegewinnung, denn das Gehirn lebt ausschließlich von Zucker, den es sich aus Leber und Blut holt. Die Leber kann nur eine bestimmte Menge an Zucker speichern, das heißt, jeder weitere Zucker, der im Blut noch vorhanden ist, wird vom Insulin, dem Speicherhormon, in die Depots gebracht und dort als Fett gelagert.

2–3 Stunden nach dem Nudelessen ist der Blutzucker an einem kritischen Punkt und das Gehirn schreit nach Futter. Weil der Insulinspiegel immer noch hoch ist, kann der Körper nicht selber Zucker bereitstellen, indem er ihn aus den Fettdepots holt, denn das verhindert das Speicherhormon Insulin. Was es einmal hat, gibt es nicht wieder her. Wer weiß, was für harte Zeiten noch kommen.

Das Gehirn gerät in Not. So gerät das Gehirn wirklich in Not und bringt dies verschärft zum Ausdruck, indem es Zustände verursacht wie:

extrem großen Hunger
Übelkeit
Kopfschmerzen
Unkonzentriertheit
Gereiztheit
Müdigkeit und vieles mehr

Das Gehirn muss von seiner Not befreit werden. Wir haben dann nur noch eine Möglichkeit, nämlich indem wir schnell zu Kohlenhydraten greifen, die schnell wieder Zucker bereitstellen, z.B. Schokolade, Chips, Kuchen oder dergleichen. Sofort hat das Hirn wieder Nahrung. Was ist aber mit dem Rest Zucker im Blut, der nicht in Leber und Muskeln passt, da diese nur eine begrenzte Speicherkapazität haben?

Da beginnt das Spiel von vorne: hohe Insulinausschüttung, Blutzuckerabfall, Rest des Blutzuckers speichern als Fett, 2–3 Stunden später kritischer Wert des Blutzuckers, Gehirn schreit nach Futter, Griff nach Schokolade ... und so weiter.

Das nennt man dann die Kohlenhydratfalle!
Je mehr Kohlenhydrate wir essen, desto größer wird unser Hunger nach Kohlenhydraten, desto dicker, kränker und müder werden wir.

2. Eiweiß (Protein) für Schnellleser-Zusammenfassung:

Eiweiß ist wichtig für uns, denn in unserem Körper kommt Eiweiß in größeren Mengen vor als jede andere Substanz mit Ausnahme von Wasser. Aus Eiweißen, die wir über unsere Nahrung zu uns nehmen, werden Hormone, Muskeln, Enzyme, Antikörper, Haut, Haare und vieles mehr gebildet. Wir brauchen täglich Eiweiß, um all diese Substanzen im Körper herzustellen und auch, um sie zu reparieren. Es gibt für uns gute und schlechte Eiweiße.
Gute Eiweiße sind fettarm und können vom Körper optimal aufgenommen werden. Schlechte Eiweiße sind fett, und dieses Fett verhindert die Aufnahme des Eiweißes für unseren Körper und hat zusätzlich alle Nachteile von schlechtem Fett. (Mehr dazu im Kapitel Fett.)

Wichtig für die Aufnahme von Eiweiß ist, dass der Körper mit genügend Vitamin B versorgt ist, denn Vitamin B gewährleistet die optimale Aufnahme des Eiweißes für unseren Körper.

Gute Eiweiße

Huhn ohne Haut, denn diese enthält sehr viel Fett
Truthahn, Pute
magerer Schinken
Putenschinken
mageres Fleisch vom Lamm, Rind
Lachs
Thunfisch
Makrele
fettarmer Käse bis 30 %
fettarmer Quark
Hüttenkäse
Eier
Soja
Tofu
Tofuprodukte
Harzer Käse

Schlechte Eiweiße

fettes rotes Fleisch
Eigelb (in Maßen)
Wurst (viele versteckte Fette)
Innereien

Wichtig ist es, dass Sie bei jeder Mahlzeit gutes Eiweiß zu den Kohlenhydraten kombinieren, um im Hormongleichgewicht von Insulin und Glukagon zu bleiben, und dadurch einen stark abfallenden Blutzuckerspiegel zu vermeiden.Wenn es zu den Mahlzeiten kein gutes Eiweiß gibt, können Sie es durch gepresstes, handliches Eiweiß in Form eines Eiweißlings oder durch Eiweißpulver ersetzen.

Alternativen, wenn kein gutes Eiweiß zur Hand ist – der Eiweißling.

Wie Sie bei der ersten, hormonellen Erkenntnis von Harmonja gesehen haben, ist es wichtig, jede Mahlzeit so zu kombinieren, dass Sie zu Kohlenhydraten immer Eiweiß dazu essen, um im hormonellen Gleichgewicht zu bleiben. Doch was tun, wenn Sie zum Essen eingeladen sind und es den so beliebten großen Teller Nudeln mit Gemüse oder einen leckeren Kartoffelauflauf mit Gemüse oder ein anderes Gericht gibt, das nur aus Kohlenhydraten besteht? Weit und breit kein Eiweiß zu sehen. Um nicht aus Ihrem Gleichgewicht zu kommen, brauchen Sie aber Eiweiß. Dafür bietet es sich an, dass Sie immer Ihr eigenes Eiweiß dabei haben, nämlich in Form eines kleinen Eiweißlings.

Ein Eiweißling ist reines, gepresstes Eiweiß, gewonnen aus Hülsenfrüchten, in einer kleinen Kapselform ohne Gelatinehülle. So können Sie sich Ihr Eiweiß in die Tasche stecken und überall hin mitnehmen. Egal, was es dort zu essen gibt, Sie kommen nie mehr aus Ihrem Gleichgewicht. Das ist einfacher als immer ein kleines Putenschnitzel oder Hüttenkäse dabei zu haben. Ob Sie es zu kohlenhydratreichen Hauptmahlzeiten, zu Kuchen, Obst oder zu einem

Feierabendbier kombinieren, es spendet Ihnen immer das nötige Eiweiß und die daraus resultierende körperliche und geistige Maximalkraft, denn Ihr Blutzucker bleibt konstant. Meine Erfahrung damit ist super!

Auch bietet es sich an, einen Eiweißling zu einem fetten Braten oder zu fetter Wurst zu essen, denn das Fett im Fleisch verhindert, das Sie das Eiweiß aus dem Fleisch voll verwerten. Sie haben dann zwar vielleicht einen großen Braten gegessen, aber trotzdem nicht genug Eiweiß verzehrt, das Ihr Körper auch einbauen kann. Eine andere Variante ist die Verwendung von Eiweißpulver. Das Pulver können Sie z.B. in Müsli geben, um auch dort ein Gleichgewicht von Eiweiß und Kohlenhydraten zu haben. Ich empfehle Ihnen, Eiweißpulver ohne Süßstoffe und Geschmacksstoffe zu verwenden.

Lesen Sie bitte mehr dazu in dem Kapitel „Wer essen möchte wie bisher“. Anwendungshinweise und Bezugsquellen für Eiweißpulver und Eiweißlinge entnehmen Sie bitte dem Anhang.

Wichtig! Fettarmes Eiweiß kann schlank, glücklich, schmerzfrei, fit und gesund machen.

Für Ausführlichleser – Eiweiß

In unserem Körper kommt Eiweiß (Protein) in größeren Mengen vor als jede andere Substanz mit Ausnahme von Wasser. Die Hälfte der Körpertrockenmasse, dazu zählen Muskeln, Haut, Haare, Augen, Nägel, besteht aus Eiweiß. Ob sie als Fasern unsere Muskeln spannen, als Hormone Botschaften übermitteln, als Antikörper Krankheitskeime abwehren oder die Werkzeuge des Stoffwechsels, die Enzyme bilden.

Keine andere Nährstoffgruppe stellt so viele lebenswichtige Stoffe her wie die Eiweiße. Protein heißt: an erster Stelle stehend!!

Was sind Proteine?

Proteine werden gebildet aus einer Kette von Aminosäuren.
Aminosäuren sind die Eiweißbausteine und bilden die Basis allen Lebens.

Die Reihenfolge der Aminosäuren entscheidet ...

20 verschiedene Aminosäuren stehen als Kettenmitglieder zur Verfügung. Je nach Reihenfolge der Aminosäuren ist festgelegt, ob das Protein als Enzym, Hormon oder als Fingernagel zum Einsatz kommt. Die Baupläne für die einzelnen Eiweiße sind in unserer Erbsubstanz festgelegt.

Essentielle Aminosäuren

Acht der 20 Aminosäuren können nicht selbst vom Körper hergestellt werden. Diese essentiellen Aminosäuren müssen täglich von außen durch die Nahrung zugeführt werden. Bei Kindern und Jugendlichen sind es sogar 10 von 20 Aminosäuren, die der Körper nicht selber herstellen kann!

Welche Eiweiße werden besonders gut aufgenommen und verwertet? Als qualitativ hochwertig gelten solche Nahrungseiweiße, die besonders viel essentielle Aminosäuren haben. Bei dieser Betrachtung schneiden tierische Eiweiße und Soja beträchtlich besser ab als pflanzliche Eiweiße, denn tierischen Eiweißen fehlen die Faserstoffe (Ballaststoffe), so dass sie effektiver verdaut werden.

Pflanzliche Eiweiße haben ein dichtes Fasernetz und daher eine schlechtere Ausbeute der Eiweiße bei der Verdauung. Es ist, als ob Sie einen Teil des Eiweißes gar nicht gegessen hätten. Das heißt, dass Vegetarier eine größere Menge an Eiweißen brauchen, um ihren täglichen Bedarf zu decken. Außerdem ist Vegetariern dringend zu empfehlen, zusätzlich Eiweiße zu verzehren, deren Fasern entfernt wurden, wie isoliertes Sojaeiweißpulver, Reiseiweißpulver oder Eiweißlinge.

Weg der Eiweiße durch unseren Körper

1. Eiweißaufnahme durch die Nahrung

2. Zerlegung des Eiweißes im Magen in Aminosäuren durch Enzyme

3. Zerlegung der Aminosäureketten im Zwölffingerdarm durch Enzyme

4. Über den Darm gelangen die einzelnen Kettenglieder ins Blut

5. Von dort zu den Körperzellen

6. Körperzellen bilden neue Eiweiße aus den Aminosäuren.

So verwandelt der Körper tierische und pflanzliche Proteine in körpereigene!

Wir müssen täglich Eiweiß mit der Nahrung zuführen, um nicht Eiweißmangel zu erleiden. Erstaunlicherweise leiden trotz (wegen) kalorienreicher Ernährung viele Menschen an Eiweißmangel, denn gesättigtes Fett verhindert die Ausnutzung des Eiweißes für unseren Körper, d.h. Schweinebraten und Wurst machen uns fett und ernähren uns nicht mit Eiweiß.

Ist der Körper an Eiweiß mangelernährt, passiert Folgendes: Der Körper knabbert sich selber an, d.h. er löst aus den Muskeln das Eiweiß heraus und ersetzt diese Lücken mit Fett. Wir verfetten. Und das ist lebensgefährlich. Ich kann mich nur wiederholen: Nicht Eiweiß macht fett, sondern tierisches gesättigtes Fett, also träges Fett, das nichts anderes will und kann, als sich auf Hüften, Bauch oder Oberschenkel zu legen.

> *Eiweiß und Bewegung machen schlank, denn sie kurbeln die Schlankhormone an.*

Bis hierher ist klar ... Wir haben bis hierher gesehen, dass der Verzehr von Eiweiß Glukagon ausschüttet, den Gegenspieler vom Insulin. Das bedeutet: Wird zu wenig Eiweiß verzehrt, haben wir automatisch einen erhöhten Insulinspiegel mit allen negativen Auswirkungen!

Keine Eiweißmast: Das soll niemanden dazu motivieren, eine Eiweißmast zu betreiben, denn der Körper braucht Eiweiß nur in gewissen Mengen, aber vor allem regelmäßig. Auch hier ist es wichtig zu wissen: Auch ein Zuviel an Eiweiß ist schädlich, da es auch den Insulinspiegel in die Höhe treibt.

Wie viel Eiweiß jeder braucht, ist unterschiedlich und wird im Kapitel „Die Harmonja Mahlzeit" erklärt. Auch ist es entscheidend, um welches Eiweiß es sich handelt. Denn auch beim Eiweiß unterscheidet man zwischen gut und schlecht.

Bei Fleisch gilt: Gute Eiweiße sind fettarm, werden vom Körper leicht aufgenommen und bilden kaum Säuren. Schlechte Eiweiße sind fett, werden vom Körper schwerer aufgenommen und bilden viel Säure. Dabei handelt es sich um Arachidonsäure, die der Grundbaustein für die Bildung der schlechten Eicosanoide ist und unser Gewebe übersäuert. Denn nur tierisches, gesättigtes Fett macht uns fett – nicht Eiweiß! Siehe dazu das Kapitel Übersäuerung.

Bei Fisch gilt: Je fetter, desto besser, da fetter Fisch die für uns so wertvollen Omega-3-Fettsäuren enthält. Das heißt nicht, dass Sie nur fetten Fisch essen sollen, aber in Bezug auf die wichtigen Omega-3-Fettsäuren sind die fetten Fische besser. Siehe dazu Kapitel Omega-3-Fettsäuren.

Gute Eiweiße

Huhn ohne Haut, denn diese enthält sehr viel Fett und daher Säure
Pute
Truthahn
magerer Schinken
Putenschinken
mageres Fleisch vom Lamm, Rind
Lachs
Thunfisch
Makrele
fettarmer Käse
fettarmer Quark
Hüttenkäse
Eier
Soja
Tofu
Tofuprodukte
Harzer Käse

Schlechte Eiweiße

fettes rotes Fleisch
Eigelb (in Maßen)
Wurst (viele versteckte Fette, also Säure)
Innereien

Wie das Verhältnis von Kohlenhydraten und Eiweißen genau aussieht, damit Sie eine Hormonbalance von Insulin und Glukagon bekommen, erfahren Sie im Kapitel „Die Harmonja Mahlzeit".

Entscheidend für die Aufnahme von Eiweiß im Körper ... ist, dass der Speicher vom Komplex der B-Vitamine immer nachgefüllt wird, d.h., dass ohne Vitamin B der Körper das verzehrte Eiweiß nicht in die Muskeln einbauen kann, die Zellmembranen nicht stabilisiert werden können und unsere Nerven nicht stark sind.

Zum Vitamin-B-Komplex zählen:

1. *B5: Pantothensäure, baut Nahrungseiweiß in körpereigenes Eiweiß um, bildet Testosteron, Wachstumshormon und Adrenalin. Bei Mangel: kein Fettabbau möglich. Vorkommen: Vollkornprodukte, Hefe, Eigelb, grünes Gemüse, Hülsenfrüchte, Pilze.*

2. *B6: Pyridoxin, bringt Aminosäuren zu ihrem Wirkungsort (Muskel, Immunsystem, Nerv); bei Bildung von Dopamin und Serotonin beteiligt. Die beiden Hormone, die uns glücklich und schlau machen. Bei Mangel: müde, depressiv, nervös, Schlafstörungen. Vorkommen: Vollkorn, Hefe, Avocados, Bananen, Geflügel, Meeresfrüchte, Kohl.*

3. *B9: Folsäure, ist bei allen Reparations- und Wachstumsvorgängen im Körper beteiligt. Ebenso ist es an der Bildung von Dopamin und Serotonin beteiligt. Bei Mangel: aggressiv, müde, hungrig auf Süßes. Vorkommen: Roggen, Kichererbsen, Eigelb, Salat, Erdbeeren, Hefe.*

4. *B12: Cobalamin, sorgt bei Eiweißstoffwechsel in jeder Zelle für Wachstum und Zellteilung. Bei Mangel: Blutarmut, Nervenstörungen, Demenz, jede Zelle altert, Muskeln schrumpfen, Fett wird gebildet. Vorkommen: Fleisch, Fisch, Milchprodukte, Sojaprodukte, Sauerkraut.*

Laut Deutsche Gesellschaft für Ernährung haben 90 % der Deutschen Folsäuremangel. Also tun Sie etwas dagegen. Essen Sie täglich Hefeflocken unter Ihr Essen gerührt, dann haben Sie schon mal fünf der elf wichtigsten Vitalstofflieferanten abgedeckt.

Durch Hefeflocken abgedeckte Vitalstoffe:

1. *Vitamin B1*
2. *Vitamin B9 Folsäure*
3. *Vitamin B3*
4. *Vitamin B5*
5. *Vitamin B6*

Die restlichen wichtigen Vitalstoffe sind:

1. *Betacarotin in: Petersilie, Möhren, Grünkohl, Spinat, Fenchel, Salat*
2. *Vitamin C in: Sanddorn, schwarzen Beeren, roten Paprika, Obst*
3. *Vitamin D in: Fisch, Avocado, Ei, Pilzen*
4. *Vitamin K in: Kohl, Hülsenfrüchten, Petersilie, Kichererbsen, Schnittlauch*
5. *Vitamin E in: Weizenkeimöl, Haselnüssen, Sonnenblumenkernen, Vollkorn, Truthahn, Garnelen*
6. *Vitamin B2 in: Leber, Keimen, Kokosnuss, Huhn, Magermilch*
7. *Vitamin B12 in: Fisch, Ei, Austern, Frischkäse*

3. Fett
Für Schnellleser – Zusammenfassung:

Es gibt gute und schlechte Fette

Gute Fette:

1. machen einen guten Stoffwechsel, sie tragen zu körperlicher und geistiger Maximalkraft bei
2. sind die Grundbausteine für gute Eicos, also für Gesundheit und Schlankheit

Schlechte Fette:

1. machen einen schlechten Stoffwechsel, sie tragen zu Krankheit und Dickleibigkeit bei
2. sind die Grundbausteine für schlechte Eicos, also für Krankheit und Dickleibigkeit
3. erhöhen die Schmerzübertragung um ein Vielfaches
4. verhindern die Aufnahme von Eiweiß

Wichtig ist, dass Sie zu jeder Mahlzeit etwas gutes Fett verzehren, denn das kurbelt den Stoffwechsel an und hält unsere Zellwände dünn und elastisch.

Gute Fette:

Olivenöl aus erster Pressung, extra vergine
Rapsöl
Leinöl
Mandelöl
Erdnussöl
Mandeln
Avocado
Erdnüsse
Walnüsse
Macadamianüsse
Erdnussbutter pur
Tahin

Langkettige Omega-3-Fettsäuren: Diese Fettsäuren sind so wichtig, dass ich ihnen ein ganzes Kapitel gewidmet habe. Direkt im Anschluss an die Fette.

Schlechte Fette:

Butter
Sahne
Rahmkäse
Sauerrahm
Schweineschmalz
gehärtete Pflanzenfette
gesättigte Fette in fettem rotem Fleisch
das Fett im Eigelb

Wenn Ihnen die Informationen reichen, lesen Sie bitte weiter bei Omega-3-Fettsäuren.

Für Ausführlichleser

Körperfett. Fett ist der beste Energiespeicher, den wir haben. Fett hält warm. Fett hält im Inneren unsere Organe an ihrem Platz. Fett lässt uns in Notzeiten uberleben. Fett ist Schutzpolster, z.B. an Ferse und Gesäß. Zellmembranen werden aus Fett gebildet. Fett ist der wichtigste Baustein des Gehirns, der Nerven und vor allem: Fett ist der wichtigste Baustein für die Bildung guter Eicosanoide.

Nahrungsfette

Wir unterscheiden drei Arten von Fetten:

1. *gesättigtes Fett. Es wird so genannt, da seine Fettsäuren mit Wasserstoff abgesättigt sind. Sie sind träge, gehen keine Verbindung ein und gehen direkt auf die Hüften. Die meisten tierischen Fette sind gesättigt und erstarren bei Raumtemperatur. Beispiel, Butter, fetter Käse, Fett in Wurst und viele mehr.*

2. *einfach ungesättigtes Fett, es ist bei Raumtemperatur flüssig und im Kühlschrank fest. Beispiel: Olivenöl, Rapsöl, Mandelöl.*

3. *mehrfach ungesättigtes Fett, bleibt immer flüssig. Beispiel: Öle aus: Leinsamen, Distel, Walnüssen, Weizenkeimen.*

Es gibt gute und schlechte Fette, sie beeinflussen unseren Stoffwechsel. Gute Fette sind einfach und mehrfach ungesättigte Fette und die Bausteine für gute Eicosanoide – unsere Häuptlingshormone, die unsere 60 Billionen Zellen steuern.

Gute Fette:

Olivenöl
Rapsöl
Leinöl
Mandelöl
Erdnussöl
Mandeln
Avocado
Erdnüsse
Walnüsse
Macadamianüsse
Erdnussbutter pur
Tahin

Langkettige Omega-3-Fettsäuren. Diese Fettsäuren sind so wichtig, dass sie ein ganzes Kapitel bekommen. Direkt im Anschluss an die Fette.

Schlechte Fette sind gesättigte Fette und die Bausteine für schlechte Eicosanoide.

Schlechte Fette

Butter
Sahne
Rahmkäse
Sauerrahm
Schweineschmalz
gehärtete Pflanzenfette
gesättigte Fette in fettem rotem Fleisch
das Fett im Eigelb

Gute Fette machen einen guten Stoffwechsel. Schlechte Fette machen einen schlechten Stoffwechsel. Unser Stoffwechsel ist dann gut, wenn die Nährstoffe, die in den Blutkreislauf einströmen, in die Zelle wechseln können und auch wieder aus ihr heraus. Die Zellmembran, die jede unserer 60 Billionen Zellen umgibt, wird aus Fett gebildet. Da auch die Zellmembran sich dauernd erneuert, braucht sie ständig neues Material für ihren Auf- und Umbau. Die Membran baut ein, was ihr zugeführt wird. Gute Fette oder schlechte Fette.

Guter Stoffwechsel. Ein guter Stoffwechsel ist dann gewährleistet, wenn die Zellmembran aus guten Fetten gebaut und dadurch dünn und elastisch ist.
Schlechter Stoffwechsel. Ein schlechter Stoffwechsel besteht dann, wenn die Membran aus schlechten Fetten gebaut ist, die sie dick und unelastisch machen. Sie „verstopft". Ein ungenügender Nährstoffaustausch – Stoffwechsel – ist die Folge. Diese Minderversorgung der Zellen führt zu Unwohlsein und Krankheit, denn die Zelle kann nicht mehr arbeiten.

Es sind alle Zellen im Körper betroffen, denn alle haben eine Membran. Es sind also auch die Insulinrezeptoren negativ betroffen, wenn zu viel schlechtes Fett verzehrt wird, denn das führt zu Insulinresistenz und letztendlich zu Diabetes Typ 2.

So erscheint es doch logisch ... wesentlich mehr gute als schlechte Fette zu verzehren, denn gute Fette halten die Zellwände dünn und elastisch, und wir haben einen guten Stoffwechsel mit allen positiven Folgen wie körperliche und geistige Maximalkraft, denn alle Zellen sind gut mit Sauerstoff und Nährstoffen versorgt und können ihre maximale Arbeit verrichten. Und nicht zu vergessen: Haben wir einen guten Stoffwechsel, wird die Nahrung, die wir zu uns nehmen, besser aufgenommen und verarbeitet, das heißt, wir können mehr essen und haben weniger Figurprobleme.

Fette haben indirekte Wirkung auf den Blutzuckerspiegel. Fette haben keine direkte Wirkung auf die Ausschüttung von Insulin und Glukagon, also auf den Blutzuckerspiegel. Die indirekte Wirkung ist, dass gute Fette die Aufnahmegeschwindigkeit von Kohlenhydraten in den Blutkreislauf verlangsamen. Das heißt: Verzehren wir zu Brot oder anderen ungünstigen Kohlenhydraten etwas gutes Fett wie Avocado oder Olivenöl, können wir dadurch die Aufnahmegeschwindigkeit des Zuckers ins Blut etwas verlangsamen.

Daraus folgt: Verzehren Sie, wenn Sie schlechte Kohlenhydrate zu sich nehmen, immer zu Ihrem Eiweiß auch noch etwas gutes Fett.

Schlechte Fette verhindern die Aufnahme von Eiweiß. Leider verhindert träges, gesättigtes Fett, dass das Eiweiß vom Körper vollständig aufgenommen wird. Das heißt, der so beliebte Schweinebraten oder Fleischkäse ist für uns keine hochwertige Eiweißquelle. Das ist nur bei fettarmen Eiweißen wie Geflügel oder fettarmem Quark oder Käse der Fall. Wichtig zu wissen: Egal, welches Eiweiß Sie zu sich nehmen, die komplette Aufnahme und Verwertung ist nur gegeben, wenn es fettarm ist. Schlechtes Fett behindert die Eiweißverwertung.

Meiden Sie Transfette:
Das sind gehärtete Fette, die durch Druck- und Wärmebehandlung aus ungesättigten Fettsäuren entstehen, wie billige Margarine, Fett in Fertigprodukten und viele mehr. Achten Sie auf den Hinweis: gehärtete Fette. Diese Fette sind der Grundbaustein für die schlechten Eicos und schaden unserer Gesundheit.

Wichtig zu Wissen: Omega-3-Fettsäuren

Für Schnellleser – Zusammenfassung:

Omega-3-Fettsäuren sind die Grundbausteine für die guten Eicosanoide, also für Gesundheit, Schmerzfreiheit und eine gute Figur. Man kann sie mit der Nahrung zu sich nehmen in Form von fettem Fisch, denn dort sind Omega-3-Fettsäuren enthalten, oder in Form von Fischöl, denn die meisten essen nicht 3-mal die Woche fetten Fisch. Diese Menge wird benötigt, um eine ausreichende Versorgung mit diesen wertvollen Fettsäuren zu gewährleisten.

Der Vorteil bei der Einnahme von Fischöl, das stark mit Zitrone angereichert ist und somit nicht nach Fisch schmeckt, ist, dass Sie sicher sein können, dass es von allen Schadstoffen und Schwermetallen, die sich im Meer befinden, befreit worden ist. Die Wirkungen von Omega-3-Fettsäuren sind nachgewiesen. Sie beeinflussen Entzündungen sowie Sauerstoff- und Nährstoffmängel in der Zelle positiv. Da der Beginn einer jeden Krankheit eine mit zu wenig Wasser und Nährstoffen versorgte Zelle oder eine Entzündung ist, liegt es nahe, Omega-3-Fettsäuren einzunehmen, denn diese haben die Eigenschaft ...
... stärker als Entzündungen sein zu können, denn:

1. *Omega-3-Fettsäuren machen die Zellmembrane dünn und elastisch, dadurch ist ein optimaler Stoffwechsel gewährleistet.*
2. *Omega-3-Fettsäuren reduzieren die Bildung von Arachidonsäure. Diese Säure ist der Grundbaustein für die schlechten Eicos, die wiederum Entzündungen machen.*
3. *Omega-3-Fettsäuren sind die Grundbausteine für die guten Eicos, die unsere 60 Billionen Zellen steuern.*
   Bezugsquellen für Omega-3-Fettsäuren entnehmen Sie bitte dem Anhang. Wenn Ihnen diese Informationen ausreichen, dann lesen Sie bitte weiter bei Diabetes.

Für Ausführlichleser – Omega-3-Fettsäuren

Wie schon im Kapitel Fette beschrieben, gibt es gute und schlechte Fette. Die Omega-3-Fettsäuren sind so gut und wichtig, dass ich ihnen ein ganzes Kapitel widme.

Omega-3-Fettsäuren kommen in Fischen vor und sind in unserer Nahrung unterrepräsentiert. Seit langem ist bekannt, dass Völker mit hohem Fischverzehr selten an den Krankheiten leiden, die in den Industrienationen zur Plage geworden sind: Herz-Kreislauf-Erkrankungen, Allergien, Rheuma und andere Gelenkentzündungen. Vorbeugend und heilend wirken diese lebensnotwendigen Nährstoffe nicht nur bei Kranken.

Omega-3-Fettsäuren verbessern nicht nur die Geschmeidigkeit der Zellmembranen, sondern sie sind auch Botenstoffe im Entzündungsgeschehen, schrieb Prof. Dr. Olaf Adam in: Omega-3-Fitness durch Fische und Öle.

Omega-3-Fettsäuren hemmen alle Entzündungsstoffe. Uns ist bekannt, dass die Acetylsalicylsäure, enthalten in einem unserer bekanntesten Medikamente, die Entzündungsneigung herabsetzt, indem sie die Bildung von einigen Entzündungsstoffen hemmt. Omega-3-Fettsäuren hemmen hingegen alle diese Entzündungsstoffe, völlig ohne Nebenwirkungen, denn unser Körper kennt diese Fettsäuren.

Omega-3-Fettsäuren, sind die Grundbausteine für gute Eicosanoide. Und die Eicos wiederum steuern unsere 60 Billionen Zellen. Wir brauchen dringend diese Fettsäuren, um unseren Hormonhaushalt im Gleichgewicht zu halten und somit alle unsere Zellfunktionen, um in körperliche und geistige Maximalkraft zu kommen und um möglicherweise Krankheiten zu umgehen. Diese Fettsäuren werden aus dem Körperfett der Fische gewonnen und uns als Fischöl zugänglich gemacht.

Der prähistorische Mensch – ein Fischer?

Der englische Forscher Michael Crawfort, Professor an der Uni in London, hat die These aufgestellt: Wenn der Mensch in prähistorischen Zeiten ausschließlich ein Jäger gewesen wäre, dann hätten wir nicht unsere herausragende Intelligenz entwickeln können. Er meint, die Menschen damals konnten wesentlich besser fischen als jagen und hätten wesentlich mehr Fisch als Fleisch zu sich genommen.

Seine Studien haben eindeutig gezeigt, dass eine Mangelversorgung der Omega-3-Fettsäuren für eine Vielzahl von Krankheiten mit verantwortlich sind und dass die Entwicklung von Säuglingen und Kindern maßgeblich davon abhängt, ob sie ausreichend mit diesen Fettsäuren versorgt werden. In der Muttermilch sind diese Fettsäuren ausreichend vorhanden, selbst wenn die Mutter sich nicht mit Omega-3-Fettsäuren ernährt.

Noch ein paar Worte zu den gängigen Ernährungsregeln. Glaubte man in den 80ern und heute auch noch den Ernährungsratgebern, dann bedeutet das für unsere Nahrungszusammenstellung: viel Kohlenhydrate, wenig Eiweiß und kaum Fett.

Die Ernährungsregeln sind falsch und bringen uns in einen verheerenden Kreislauf. Wer an diese Regeln geglaubt hat und noch glaubt, tritt in einen fatalen Kreislauf ein: Gewichtzunahme, Diät, Essstörungen, Übergewicht, Herz-Kreislauf-Erkrankungen, Depressionen etc. Denn es ist ganz einfach falsch was uns da erzählt wird. Es ist mittlerweile kein Geheimnis mehr, dass Diabetes und Herzerkrankungen eine Volksseuche ersten Grades geworden sind und das kommt nicht nur vom übermäßigen Essen. Tatsache ist, dass durch Kohlenhydrateverzehr eine Insulinausschüttung mit allen seinen negativen Auswirkungen erfolgt.

Wir brauchen dringend gutes Fett. Wir brauchen dringend gutes Fett für unsere Nerven, Gehirn, Zellmembranen – einfacher gesagt: für unsere Gesundheit. Ohne gutes Fett leiden wir an Sauerstoff- und Nährstoffmangel mit allen negativen Folgeerkrankungen.

Durch die kohlenhydratreiche Ernährung und den Verzehr von fettem Fleisch und Wurst wird viel von der unerwünschten Arachidonsäure produziert, diese verhindert wiederum die Aufnahme und Einlagerung guter Fette. Das bedeutet, dass die Ernährung mit viel Kohlenhydraten, die eigentlich gegen das Übel Fettleibigkeit ankämpfen sollte genau das Gegenteil bewirkt hat.

Es verhindert die Aufnahme guter Fette und trägt zur Bildung schlechter Fette bei durch das Entstehen der Arachidonsäure. Somit wird Übergewicht produziert!!! Denn Kohlenhydrate werden sauer verstoffwechselt und produzieren somit Arachidonsäure, auch wenn sie selbst keine Säure enthalten.

Die unerwünschte Arachidonsäure wird verhindert durch:

1. *Omega-3-Fettsäuren*
2. *Reduzierung schlechter Kohlenhydrate, so dass ein konstanter Blutzucker gewährleistet ist und gute Eicos gebildet werden.*
3. *Reduzierung tierischer Eiweiße*

Negative Eigenschaften der Arachidonsäure:

1. *Entzündungen*
2. *Sauerstoff- und Nährstoffmangel der Zellen*

Diese beiden Faktoren: Sauerstoff-/Nährstoffmangel und Entzündung sind der Beginn von Krankheit!!!

Leicht zu merken: Omega-6-Fettsäuren machen die unerwünschte Arachidonsäure, die zu Entzündungen und Krankheit führt und kommen in allen Tieren vor, die auf dem Land leben. Omega-3-Fettsäuren bilden die erwünschte Eicosapentaensäure, die Entzündungen entgegenwirkt und kommen in allen Tieren vor, die im Wasser leben.

Soviel tierisches Eiweiß wie nötig – so wenig wie möglich

Daher sollten Menschen, die zu Entzündungen aller Art neigen sowie zu Arteriosklerose, Rheuma, Herz-Kreislauf-Erkrankungen, Bluthochdruck,

Darmerkrankungen, Nierenerkrankungen, Herzrhythmusstörungen, Stoffwechselstörungen, Hauterkrankungen, Skeletterkrankungen oder zu Depressionen neigen, ihre Nahrung in der Weise umstellen, dass sie so wenig wie nötig tierische Eiweiße verzehren und ihren Verzehr an Omega-3-Fettsäuren stark erhöhen, indem sie entweder Fisch verzehren oder auf ein Fischölpräparat zurückgreifen. Um an Ihren täglichen Bedarf von Eiweiß zu kommen und dabei nicht die unerwünschte Arachidonsäure zu produzieren, bieten sich Tofu, Soja, Eiweißpulver (ohne Süßstoff) oder Eiweißlinge an.

Omega-3-Fettsäuren schließen eine Lücke in unserer Ernährung, denn sie hat bedeutende Auswirkungen auf unseren Fettstoffwechsel. Der Fettstoffwechsel ist ausschlaggebend für viele Erkrankungen:

Herz-Kreislauf-Erkrankungen
unregelmäßiger Monatszyklus
Übergewicht
Diabetes
Krebs
Schlafstörungen
Konzentrationsstörungen
Entzündungen aller Art
chronische Schmerzen
Depressionen
Hauterkrankungen
entzündliche Darmerkrankungen
Aufmerksamkeits-Defizit-Syndrom ADS bei Kindern
Hyperaktivität
Legasthenie
Alzheimer
Parkinson
multiple Sklerose

Warum nimmt nicht schon jeder täglich Omega-3-Fettsäuren ein – wenn doch der Nutzen so groß ist – und bewiesen? Bis jetzt wurde viel geforscht über Vitamine, Mineralien und dergleichen, auch die Erforschung der für uns so wichtigen Omega-3-Fettsäuren ist zwar lange abgeschlossen, wurde aber wegen des hohen Preises und der Rückstände des Präparates aus dem Meer nicht weiter verfolgt, besser gesagt nicht der breiten Masse zugänglich gemacht. Erst seit ein paar Jahren gibt es reines, d.h. ein gereinigtes Omega-3- Fettsäuren Präparat auf dem Markt. Es handelt sich hier um Fischöl. Früher hieß es Lebertran, da aber die Leber der Fische so hohe Rückstände an Schwermetallen aufweist, wird heute das Öl aus dem Körperfett der Fische gewonnen und rückstandsfrei destilliert. Aus 100 Liter Öl wird 1 Liter pharmazeutisches Fischöl durch Destillierung gewonnen.

Was die Einnahme oder der Verzehr von Omega-3-Fettsäuren für unsere Gesundheit oder Wohlbefinden bedeutet: Wie schon bei den Eicosanoiden beschrieben, ist die Produktion guter Eicos entscheidend davon abhängig, welche Fette verzehrt werden. Das heißt: Durch die Einnahme von Omega-3-Fettsäuren erhöht sich die Produktion guter Eicos mit allen positiven Folgen auf Körper und Geist.

In welchen Nahrungsmitteln sind Omega-3-Fettsäuren enthalten? In allen fetten Fischen, wie Lachs, Thunfisch, Makrele. Wir brauchen dieses Fett mindestens 3-mal pro Woche.

Erst mal die Speicher wieder auffüllen. Es hat sich gezeigt, dass Menschen mit oben genannten Gesundheitsproblemen auf eine 2-monatige Kur mit hochkonzentrierten Omega-3-Fettsäuren hervorragend ansprechen.

Bei Alltag- und Zivilisationsbeschwerden. Bei unseren Alltagsbeschwerden ist die Wirkung unmittelbar zu spüren, wie bei Konzentrationsschwierigkeiten, Kopfschmerzen, Müdigkeit und diversen Schmerzen, Depressionen, Schlafstörungen, Hyperaktivität bei Kindern.

Bei fortgeschrittenen Erkrankungen. Bei Erkrankungen, die schon weit fortgeschritten sind, wie Diabetes, Parkinson oder andere, haben sich die Omega-3-Fettsäuren als hervorragende Ergänzung erwiesen, um Begleitsymptomatiken der Krankheit zu lindern oder zu beseitigen.

Auch ohne Beschwerden. Menschen, die an keinem Symptom leiden, können vorbeugend und zur allgemeinen Leistungssteigerung Fischöl einnehmen oder mindestens 2-mal pro Woche fetten Fisch essen.

Eine Kur von zwei Monaten mit Fischöl. Nehmen Sie jeden Morgen zum Frühstück 2–3 Teelöffel reines Fischöl ein. Diejenigen, die sich noch an den furchtbaren Geschmack von Lebertran erinnern, brauchen keine Angst zu haben, denn das Öl ist mit Zitronengeschmack versehen und schmeckt überhaupt nicht nach Fisch.

Fischölkapseln kann ich nicht empfehlen. Denn meine Erfahrung und auch die meiner Patienten ist, dass es nach der Einnahme zu unangenehmem Aufstoßen kommt, denn die Kapseln sind im Inneren mit reinem Fischöl gefüllt – ohne Zitronengeschmack. Auch sind die Gelatinekapseln für Menschen mit empfindlichem Magen zu belastend und können zu Magendruck führen.

Bei deutlichen Verbesserungen Ihrer Beschwerden. Wenn Sie durch die Kur erhebliche Verbesserungen Ihres Zustandes bemerken, spricht nichts dagegen, Ihr Leben lang Fischöl einzunehmen. Doch auch hier sei gesagt, da der Körper sich auch an zuviel Gutes gewöhnen kann, empfiehlt es sich bei einer Dauereinnahme 1–2 Tage die Woche einen fischölfreien Tag einzulegen.

Meine Erfahrung mit Fischöl. Was die Konzentration und allgemeine Leistungssteigerung betrifft, habe ich eine deutliche Besserung gespürt, denn diese war für mich immens wichtig beim Schreiben dieses Buches, denn ich musste mich auf den Punkt konzentrieren können. Das heißt, wenn Zeit dafür war. Egal wann. Da ich ein Baby, eine Praxis mit 3 Angestellten und einen Haushalt habe, war die Zeit oft sehr knapp. Da musste ich flexibel sein, das hieß, wenn die Kleine schlief, ran an den Laptop und keine

Pause machen. Das wäre ohne Fischöl, einer ausgewogenen Ernährung, Sport, meinem Mann und Meera (Danke, Schatz) nicht möglich gewesen, denn es bedeutete monatelanges Arbeiten und wenig Pausen.

Der Vorteil der Einnahme von Fischöl gegenüber dem regelmäßigen Verzehr von Fisch.

Vorteil Fischöl. Durch die neueste Technik der molekularen Destillation, die es erst seit 1999 gibt, ist ein Fischöl erhältlich, das folgende Kriterien erfüllt:

- *keine Rückstände von Schadstoffen*
- *Großteil der gesättigten Fette sind entfernt, dadurch wenig Arachidonsäure*
- *hohe Konzentration des Öls, das heißt mindestens 60 %. Die sonst zu erhaltenden Öle haben eine Konzentration von 35 %*

Nachteil frischer Fisch. Wir wissen nicht, was mit dem Fisch alles schon passiert ist: Ist er gezüchtet und voller Antibiotika? Ist er schwermetallbelastet? Dies ist nicht immer zu umgehen, selbst wenn der Fisch im Bioladen gekauft wird, denn der schwamm auch im Meer und wir wissen nicht, ob er, gerade friedlich schwimmend, sich neben einem Schiff befand, das seine industriellen und chemischen Abfälle dort gerade loswurde, und der Fisch eine hohe Dosis von Dioxin, Quecksilber oder PCB aufgenommen hat. Wir wissen es nicht. Bezugsquellen für hochwertiges, gereinigtes Fischöl entnehmen Sie bitte dem Anhang.

In den vorangegangen Kapiteln wurden einige Krankheiten erwähnt, die man verhindern oder deren Auswirkungen man eindämmen kann, wenn man sich ausgewogen ernährt. Ich möchte Ihnen nicht alle Erkrankungen detailliert beschreiben, denn das würde den Rahmen dieses Buches sprengen. Sie können alle Erkrankungen in medizinischen Fachbüchern nachlesen.

Was mir aber als äußerst sinnvoll erscheint ist, Ihnen Diabetes näher zu erläutern, denn hier handelt es sich mittlerweile um eine so weit verbreitete Krankheit von Jung und Alt, dass es mir wichtig erscheint, Aufklärung zu geben. Und vor allem Klarheit darüber zu schaffen, dass es jeden treffen und das jeder etwas dagegen tun kann. Wie also entsteht Diabetes und was ist das?

Diabetes.

Oder auch Zuckerkrankheit genannt. Hier gibt es ausnahmsweise keine Zusammenfassung, denn diese wäre auch nicht viel kürzer. Ich habe mich bemüht, es so kurz und prägnant wie möglich zu machen.

Was ist Diabetes? Typ-1-Diabetes ist angeboren, das heißt die Bauchspeicheldrüse ist nicht oder kaum in der Lage, Insulin zu produzieren, was zur Folge hat, dass der Blutzucker nicht gesenkt werden kann. Diese Menschen müssen Insulin spritzen.

Typ-2-Diabetes ist ein Diabetes, der sich im Laufe der Zeit entwickelt hat durch Überstrapazierung der Bauchspeicheldrüse und darauf folgende Resistenz der Andockzellen für Insulin. Das heißt, die Zellen für Insulin ermüden wegen Überbeanspruchung und auch die Bauchspeicheldrüse ermüdet oder geht zu Grunde wegen Überbeanspruchung.

Ursachen Diabetes Typ 2:

1. zu hoher Verzehr von verschiedenen Zuckerarten, also Kohlenhydraten
2. Verzehr falscher Fette
3. wesentlich zu hoher Alkoholkonsum
4. zu wenig Bewegung
5. zu viel Stress

Typ-2-Diabetes ist also hausgemacht! 6,5 Millionen Deutsche sind schon an Diabetes Typ 2 erkrankt, und die WHO sagt, jeder zweite Deutsche sei auf dem Wege dahin, vor allem durch Übergewicht und daraus resultierende Insulinresistenz.

Wie entsteht ein Typ-2-Diabetes? Durch einen ständig erhöhten Insulinspiegel oder ein dauerndes Auf und Ab des Insulins erlahmen die Andockzellen für Insulin. Es entsteht eine Insulinresistenz. Das bedeutet, dass die Insulinproduktion vom Körper angekurbelt werden muss, um den Blutzucker konstant zu halten. Dies kann für einige Zeit funktionieren, doch bald gehen die Zellen wegen Dauerüberlastung ganz zu Grunde. Die Bauchspeicheldrüse produziert zwar noch weiter Insulin, aber der Blutzucker kann nicht mehr gesenkt werden. Irgendwann erlahmt dann auch die Bauchspeicheldrüse. Es ist ein Diabetes Typ 2 entstanden.

Dann muss gehandelt – oder behandelt werden. Ein Diabetes Typ 2 kann verhindert werden, indem Sie die zuckerhaltigen Lebensmittel, also alle schlechten Kohlenhydrate und schlechten Fette meiden oder stark einschränken, indem Sie Stress abbauen und sich mehr bewegen. Diabetes kann man im Blut oder im Urin nachweisen. Im Blut sind die Werte Homocystein und die Triglyceride zur Beurteilung heranzuziehen. Im Urin wird die Zuckerkonzentration gemessen, die ausgeschieden wird.

Haben Sie keinen Diabetes – haben Sie auch keinen Zucker im Urin. Je nach Konzentration des Zuckers im Urin und der Höhe der Blutwerte spricht der Arzt dann vom beginnenden oder vom fortgeschrittenen Diabetes Typ 2.

Beginnender Diabetes. Beim beginnenden Diabetes kann mit konsequenter Ernährungsumstellung eingegriffen werden, es kann sogar das Ganze noch mal rückgängig gemacht werden, denn die Andockzellen für Insulin, die in diesem Fall wegen Überbelastung erlahmt sind, können sich regenerieren. Und man kann wieder vollständig gesunden.

Fortgeschrittener Diabetes. Bei fortgeschrittenem Diabetes wird mit Medikamenten behandelt, diese zwingen die schon stark in Mitleidenschaft gezogene Bauchspeicheldrüse quasi Insulin auszuschütten. Das geht dann eine Weile gut, doch irgendwann kann auch kein Medikament mehr die Bauchspeicheldrüse animieren zu arbeiten. Die letzte Möglichkeit ist dann, Insulin zu spritzen. Das Ende des Ganzen ist dann meistens eine Kombinationskrankheit mit dem Namen Syndrom X. Diese Krankheit geht einher mit: Diabetes Typ 2, Übergewicht, Fettstoffwechselstörung, Bluthochdruck und Gerinnungsstörungen.

Es ist anzunehmen, dass diese Erkrankung in den nächsten Jahren massiv auftritt, denn noch nie gab es so viel Übergewicht, Bluthochdruck, Allergien usw. Dies gilt es zu verhindern.

Um dies zu verhindern, bedarf es einer Erneuerung der momentan gängigen Ernährungspyramide, der empfohlenen Diäten und des Ernährungsbewusstseins eines jeden Einzelnen, denn – ich wiederhole mich gerne –: Wir haben die stärkste Medizin, die Nahrung, zur Verfügung und sollten sie nutzen, bevor wir den Rest unseres Lebens damit verbringen, zum Arzt zu laufen und aushungernde Diäten zu machen oder einfach körperlich und geistig nicht auf der Höhe zu sein. Wir können dadurch viel Geld sparen.

Wer gehört zu den Diabetes-Gefährdeten?

- *Menschen mit Übergewicht*
- *starke Raucher*
- *starke Trinker*
- *ganz Bewegungsfaule*
- *Kohlenhydratjunkies, die viel Softdrinks und Süßigkeiten konsumieren*
- *Light-Konsumierer*
- *ganz Ernährungsbewusste, die viel Kohlenhydrate und wenig Eiweiß verzehren*
- *Vegetarier, die nicht bewusst Eiweiß ausgleichen*
- *Menschen mit erhöhten Werten von Homocystein und Triglyceriden*

Was kann man dagegen tun? Wenn Sie zu der Risikogruppe gehören oder gesundheitliche Probleme haben:

1. *strenge Ernährungsumstellung nach den Kriterien von Harmonja*
2. *regelmäßige Blutuntersuchungen machen (siehe Kapitel Blutuntersuchung)*
3. *sprechen Sie mit Ihrem Arzt oder Heilpraktiker*

Ein Ernährungsplan nur für Sie persönlich. Dazu erkundigen Sie sich bitte im Internet unter www.welleat.de Dort erhalten Sie weitere Informationen rund um Vorträge, Therapeutenlisten und vielem mehr.

Wenn Sie nicht zu der Risikogruppe gehören. Gehören Sie nicht unmittelbar zur Risikogruppe, wird empfohlen, sich nach den Kriterien von Harmonja zu ernähren, denn diese garantieren uns ein Insulinkontrolle und dadurch eine Schonung der Bauchspeicheldrüse und der Andockzellen für Insulin, um nicht irgendwann zur Risikogruppe zu gehören. Auch empfehlen Ärzte und Heilpraktiker, regelmäßig, mindestens alle 2 Jahre eine komplette Blutuntersuchung zu machen.

Um einen weiteren Schritt in Richtung Gesundheit und Wohlbefinden zu gehen und dies in Kombination mit der Nahrung zu sehen, denke ich, ist es wichtig zu wissen, was der Säure-Basen-Haushalt ist.

Säure-Basen-Haushalt

Sicher haben Sie schon einmal etwas von Säuren und Basen gehört. Doch was ist das? Und warum ist es wichtig, unseren Säure-Basen-Haushalt zu regulieren?

Für Schnellleser – Zusammenfassung

Beim Säure-Basen-Haushalt handelt es sich um den pH-Wert, der im gesamten Körper gemessen werden kann. Wir können unseren pH-Wert, der sich bei 7,3 befinden sollte, maßgeblich durch unser Verhalten sowie Bewegung und Nahrungsaufnahme beeinflussen, um in körperliche und geistige Maximalkraft zu kommen und um Krankheiten zu verhindern. Dazu ist es wichtig, viel basespendende Lebensmittel zu verzehren, wie Obst, Gemüse oder Salat, und weniger säurespendende, wie Fleisch, Eier und Milchprodukte, sowie ausreichend Wasser zu uns zu nehmen. Diese Kriterien sind bei Harmonja gegeben, denn Sie essen nur so viel säurespendende Lebensmittel wie Sie brauchen, um den Eiweißbedarf zu decken.

Für Ausführlichleser

Säure-Basen-Haushalt. Bei Säuren und Basen handelt es sich um den pH-Wert, der sich im gesamten Körper befindet. Der pH-Wert gibt die Anzahl der freien Wasserstoffatome in unseren Flüssigkeiten an. Wasser z.B. hat einen pH-Wert von 7, welcher als neutral gilt. Je tiefer (kleiner als 7) der pH-Wert, desto saurer, je höher (größer als 7), desto basischer ist das Milieu. Messen können wir ihn in Urin, Blut, Speichel und im Stuhl. Der pH-Wert eines Neugeborenen beträgt 7,38, das heißt, dass unser Körper leicht basisch ist oder sein sollte, denn das Verhältnis von Säuren und Basen verschiebt sich je nachdem, ob säure- oder basenbildende Lebensmittel verzehrt werden.

Die Säure zwingt den Körper zur Bildung von sauren Salzen, so genannten Schlacken. Wenn sich zu viele Säuren im Körper befinden, muss dieser sie neutralisieren. Dies geschieht unter Zuhilfenahme von Mineralstoffen aus den körpereigenen Minarealstoffdepots wie: Knochen, Gefäße, Knorpel, Blut, Zähne, Haare. Das Verhältnis von Säuren und Basen im einem pH-Bereich von 7 gilt es aufrechtzuerhalten, damit Körper und Geist funktionstüchtig bleiben, denn zu viel Säure behindert lebenswichtige Stoffwechselvorgänge.

Wo es zu sauer wird, da stirbt das Leben – das gilt für Bäume wie für uns Menschen.

Säureerzeugende Lebensmittel sind:
1. tierische Lebensmittel, wie:
Fleisch, Fisch, Eier, Käse, Quark, deren Proteine viele saure Mineralstoffe enthalten, wie Schwefel, Fluor, Jod, Chlor, Phosphor, die im Körper durch körpereigene Minerale neutralisiert werden müssen.

2. alle schlechten Kohlenhydrate, denn sie werden sauer verstoffwechselt, obwohl sie selber keine sauren Mineralstoffe enthalten.

Weitere Ursachen für die Bildung von zu viel Säure:

Stress
Angst, Trauer
Extremsport
Organfunktionsstörungen
Pilzbefall im Darm
chronische Gärungsvorgänge
Flatulenzen
Bewegungsmangel
Übergewicht

Basenbildende Lebensmittel:

Obst
Gemüse
Salat
Hülsenfrüchte
Wasser

Möglichkeiten, um Säure-Basen-Gleichgewicht herzustellen. 1. Ernährung nach den Kriterien von Harmonja, denn Sie essen nur so viel Eiweiß, also säurebildende Lebensmittel, wie Sie brauchen, um Ihren Eiweißbedarf zu decken, und nicht mehr. Dazu kombinieren Sie immer basenspendende Lebensmittel wie Gemüse, Obst und Salat. Durch die Reduktion schlechter Kohlenhydrate verringern Sie in großem Maße die Aufnahme von säurebildenden Lebensmitteln. 2. Durch regelmäßige Bewegung. 3. Durch ausreichende Zufuhr von Wasser.

Die Folgen bei Übersäuerung sind vielfältig:

Osteoporose
Cholesterinerhöhung
Herzinfarkt
Arthrose
Allergie
Übergewicht
Paradontose
Verdauungsstörungen
Gicht
Rheuma
Erkrankungen des Skelettsystems
Hörsturz
Migräne
Immunschwäche

3. Trinken

- Was und wie viel?
- Und warum?
- Apfelschorle bei Kindern - was macht das?

Trinken

Trinken, trinken, trinken ... heißt es immer. Jeder weiß es – doch kaum einer tut es. Ungefähr 90 % der Patienten in meiner Praxis, die meine Kolleginnen und ich nach dem Trinken fragen, antworten folgendermaßen: „Ja, ja, ich weiß schon, man soll viel trinken ... aber ich tu es nicht."

Meine Erfahrung ist, dass wir erst anfangen zu trinken, wenn wir wirklich verstehen, warum das so wichtig ist. Und das wir erst anfangen das Richtige zu trinken, wenn wir wissen, warum. Dazu ein kleines Schmankerl aus der Praxis:

Eine sehr übergewichtige Patientin kam zu mir wegen ihrer starken Migräne, die sie seit Jahren plagte. Ich fragte sie, wie viel sie denn trinken würde, und bekam folgende Antwort, die kein Einzelfall ist: „Ach, daran kann es nun wirklich nicht liegen, ich trinke literweise." „Und was", fragte ich: „Cola und Eistee", war die Antwort, „aber ich verspreche Ihnen, dass ich davon wirklich genug trinke." Ich glaubte ihr das aufs Wort, denn genau so sah sie auch aus.

Nur als kleine Anmerkung: Bei Cola wissen wir es, aber bei Eistee übersehen viele hinten auf dem Etikett: 50 % Zucker! Ich fragte sie dann, was sie meint, welche Flüssigkeit sich in unseren Zellen befindet. „Wasser", war die stolze Antwort. Richtig, und keine Cola und kein Eistee. Auch habe ich noch von keiner Zellbiopsie gehört, bei der jemals die beliebte Apfelschorle oder andere Flüssigkeiten gefunden wurden.

Wir bestehen aus Wasser ... Wir bestehen bei der Geburt zu 90 % aus Wasser. Dieser hohe Gehalt nimmt relativ schnell ab, wir verlieren also schon als Babys Wasser. Im Erwachsenenalter bestehen wir aus ca. 60-70 % aus Wasser. Diesen Anteil gilt es zu halten, denn unser Alterungsprozess bedeutet auch Wasserverlust in den Zellen. Was sich dann als Falten, Vitalitätsverlust und vieles mehr bemerkbar macht. Wir können den natürlichen Alterungsprozess nicht anhalten, aber wir können ihn natürlich ablaufen lassen. Also so, dass wir mit 40, 50 oder 60 Jahren auch ungefähr altersentsprechend aussehen und nicht mit einem vertrockneten Apfel verwechselt werden.

Oft haben wir Durst und verwechseln das Gefühl mit Hunger. Probieren Sie es aus. Wenn Sie Hunger verspüren, trinken Sie ein großes Glas frisches, leckeres, klares Wasser, und Sie werden erstaunt sein, denn oft trügt uns unser Gefühl und wir haben Durst statt Hunger.

Was brauchen unsere Zellen, um arbeiten zu können? Unserer Zellen brauchen, um gesund zu bleiben und arbeiten zu können: WASSER! Denn Zellen, denen das Wasser fehlt, die schrumpfen. Dieses Schrumpfen hinterlässt Falten, und die tun weh! Das heißt, die Zelle kann, wenn sie zu wenig Wasser hat, nicht ihre Arbeit machen und erzeugt auch noch Schmerzen.

Beispiel: Eine Bandscheibe – auch diese besteht aus Zellen –, die nicht genug Wasser hat, verliert an Höhe und dadurch an Pufferfähigkeit. Die Falten, die durch das Schrumpfen entstehen, hinterlassen Schmerzen. Und auch durch die Überbelastung der umgebenden Bänder und Muskeln entstehen Schmerzen. Man spricht dann vom: lokalen Durstschmerz.

Ich hatte schon unzählige Patienten in der Praxis, die allein durch richtiges Trinken ihre Probleme wie Kopfschmerzen, Rückenschmerzen oder anderes losgeworden sind, oder die die Stärke der Schmerzen deutlich reduzieren konnten.

Also: Trinken ist keine Mode! Prall gefüllte Zellen erreicht man am besten, indem man dem Körper genau das zuführt, was er auch direkt benutzen kann, ohne in einem komplizierten Trennungsvorgang, z.B. von Roibusch und Wasser, zu dem zu kommen, was er so dringend braucht: WASSER.

Wasser ohne irgendwelche Zusätze wie Kohlensäure, Sauerstoff oder künstliche Geschmacksstoffe oder Aromen. Der Nachteil von Kohlensäure ist, wie der Name schon sagt: Säure. Dies sollten wir tunlichst meiden, denn Säure nehmen wir schon zwangsläufig auf. Und manchmal zu viel. Und das ist schlecht. Siehe Kapitel „Säure - Basen“.

Regel, wie viel Wasser der Körper braucht. Körpergewicht x 3 in Litern. Beispiel: 70 kg Körpergewicht x 3 = 210 = 2,1 l Wasser. Das heißt: Bei 70 kg Körpergewicht brauchen die Zellen 2,1 Liter Wasser über den Tag verteilt, um arbeiten zu können.

Wie, wann und wie viel trinkt man, damit es am effektivsten ist? Morgens, direkt nach dem Aufstehen 1/2 Liter nicht ganz kaltes, am besten lauwarmes Wasser trinken, bevor Sie etwas anderes zu sich nehmen, um einmal den Flüssigkeitsverlust der Nacht auszugleichen. Während des Essens empfiehlt es sich, kein Wasser zu trinken, denn es stört unseren Verdauungsapparat, da es die Magensäure verdünnt. 1/4 Std. vor dem Essen Wasser trinken. 1/2 Std. nach dem Essen Wasser trinken. Zwischendurch immer mal wieder ein Glas Wasser trinken.

Supertipp für den, der keinen Durst verspürt oder nicht mitrechnen will. Stellen Sie sich an Ihren Arbeitsplatz oder zu Hause an einen Platz, an dem Sie oft vorbeikommen, eine schöne 2-Liter-Karaffe und füllen Sie diese morgens mit Leitungswasser oder stillem Wasser auf. Dann haben Sie eine bessere Kontrolle, wie viel Sie getrunken haben, und es wird ganz schnell zur Gewohnheit, und Sie wissen: Diese Karaffe soll ich heute austrinken. Wenn Sie regelmäßig trinken, kommt auch das Durstgefühl. Probieren Sie es aus.

Was kann man zum Essen trinken? Kein Wasser, wie wir gesehen haben. Sie können Wein und Bier trinken, denn diese zählen, wie Sie jetzt ja wissen, zu den Kohlenhydraten und nicht zu Flüssigkeiten. Damit will ich niemanden ermuntern, Alkohol zu trinken. Trinken Sie dann zum Essen nichts und erst wieder danach.

Darf man auch etwas anderes außer immer nur Wasser trinken? Natürlich können Sie Tees, Milch oder andere Lieblingsgetränke trinken, Sie dürfen diese jedoch nicht zu Ihrer zu trinkenden Tagesmenge dazuzählen. Und beachten Sie bitte Ihr neuerworbenes oder altes Wissen über zuckerhaltige Getränke oder Fruchtsaftschorlen. Sie brauchen Wasser für Ihre Zellen. Wenn Sie noch etwas anderes trinken, dann zum Genuss, als Kompensation oder aus anderen Gründen.

Fruchtsäfte

Apfelschorle und Kinder. In meinen Augen sind Fruchtsäfte am schlimmsten. Vor allem die so beliebte Apfelschorle. Dauernd sieht man Kinder an diesem Gemisch rumsuckeln. Zwar sehr verdünnt, dennoch ist und bleibt es Zucker. Es gibt überhaupt keinen Grund, Kindern Apfelschorle zu geben. Außer dem natürlich, dass sie in dem Moment dann ruhig sind. Hat natürlich Vorteile, rächt sich spätestens dann, wenn die Flasche leer ist und das Kind lauthals nach mehr verlangt. Das können wir den lieben Kleinen natürlich nicht abschlagen, denn wir sind doch froh, wenn sie trinken. Also neue Apfelschorleflasche, neues Glück ... neues Geschrei.

Dass das Kind nur nach neuem Trinken verlangt, weil es mehr vom selben möchte, ist uns leider nicht bewusst. Mehr desselben heißt: mehr Zucker, mehr Befriedigung, mehr Geborgenfühlen im Zuckerflash. Leider auch mehr Verwirrung, denn so fühlt es sich an, wenn der Blutzucker zu weit absinkt. Die Begründung, Kindern Apfelschorle zu geben wegen der Vitamine, ist Quatsch. Die sollen sie lieber in Form von Obst zu sich nehmen. So wie es die Natur gedacht hat.

Obstsaft enthält Fruchtzucker, aber keine Fasern mehr. Interessantes: Obst enthält Fruchtzucker, der per se nichts Schlechtes ist, denn er geht langsam ins Blut und erhöht den Insulinspiegel nicht so wie z.B. weißer Zucker. Doch warum ist das so mit dem Fruchtzucker? Warum geht er nicht so schnell ins Blut wie weißer Zucker? Obst enthält Faserstoffe, die den Zucker binden. So bremsen die Faserstoffe im Obst die Aufnahmegeschwindigkeit des Zuckers. Der Fruchtzucker wird in der Leber zu Zucker zerlegt.

Nicht so bei Obstsäften. Da sind die Faserstoffe entfernt worden und übrig bleibt: Zucker. Das heißt, sie haben keinen Umweg über die Leber nötig, um in Zucker zerlegt zu werden. Das passiert direkt beim „Genuss". Obstsäfte sind reine Insulinschleudern.

Die armen Kleinen – und keiner hat es gewusst. Weiter heißt das für unsere Kinder: Wenn die Kleinen den ganzen Tag – und das sind viele, da jede Mutter froh ist, wenn der Zwerg trinkt – seine zwar verdünnte, dennoch mit Apfelschorle gefüllte Nuckelflasche zur Verfügung hat, gehen davon nicht nur die kleinen Zähnen kaputt, sondern:

Die Kleinen kommen total durcheinander! Bei jedem Zug aus der Pulle rauscht der Zucker ins Blut, Insulin wird ausgeschüttet, da ja meistens noch genügend Zucker vorhanden ist. Eine neue Studie besagt, dass Kinder täglich ca. 150 Würfelzucker in flüssiger und fester Form in der Nahrung zu sich nehmen und der Überschuss sofort als Fett gespeichert wird.

Und nicht nur das: Durch die Insulinflut sinkt danach der Blutzucker rapide ab und die Kleinen befinden sich im Zustand des Unterzuckers. Die Folgen kennen wir bei uns. Müdigkeit, Konzentrationsstörungen und so weiter. Bei Kindern ist das auch so, äußert sich nur etwas anders. Sie werden quengelig, hyperaktiv und nervig, verlangen dauernd nach etwas zu essen, und können einem den letzten Nerv rauben. Sie wissen nichts Ordentliches mit sich anzufangen, denn sie kennen sich nicht mehr aus. Sie können mit diesem Gefühl des eingelullten Zuckerwahns erst einmal nicht umgehen.

Das Gefühl drängt sich sozusagen ungefragt auf, macht sich breit, und die Kinder können sich plötzlich nicht mehr auf sich verlassen. Denn dieses Gefühl hat nichts mit dem zu tun, was gerade im Außen passiert ist. Also kann es nicht zugeordnet werden. Sie kommen total durcheinander.

Je mehr sie dann durcheinanderkommen und je öfter, desto mehr macht sich das Gefühl in den Kleinen breit, dass das wohl so sein muss, und sie fangen an, das „wirkliche" Leben komisch, unwirklich und befremdlich zu finden.

Also bleibt ihnen nur eines: Sie fordern ihren jetzt lieb gewonnenen, etwas benebelten Zustand ein, indem sie das zu sich nehmen, was die gewünschte Wirkung bringt: Apfelschorle, Süßigkeiten, Brezeln, Nudeln, Kekse und alles, was es sonst noch so an Kohlenhydratschleudern gibt. Durch den dauernden hohen Insulinspiegel kann der Körper nicht auf seine natürlichen Zuckerreserven zurückgreifen, denn diese sind vom Insulin weggeschlossen. Das bedeutet, die Kinder brauchen immer wieder neue, schnelle Kohlenhydrate, denn ihr Gehirn braucht Zucker, um arbeiten zu können. Sie fordern das also zu Recht.

Völlig ratlose und überforderte Eltern. Die Eltern stehen machtlos davor und wissen nicht, wie es dazu kam, denn – „eigentlich ernähren wir uns total gesund", sagen die hilflosen, überforderten Eltern. Das aus diesem Suchtverhalten andere Süchte und auch Krankheiten entstehen können, erklärt sich von selbst. Unsere Kinder werden süchtig gemacht, ohne dass es jemand wusste oder wollte. Ohne dass sie zugeschüttet wurden mit Schokolade, Keksen oder Kuchen.

Natürlich passiert das mit diesen Süßigkeiten genauso, ich führe das nur nicht so lange aus, denn das hat sich schon herumgesprochen. Ich bin selber Mutter und kann dieses Phänomen bei meiner Kleinen beobachten und auch in der Krabbelgruppe. Ich kann den Unterschied deutlich sehen bei meiner Tochter, die es nicht gewohnt ist, Apfelschorle oder ein Leckerli zu bekommen und bei Kindern, die dauernd irgendwas zwischen die Zähne bekommen. Ob Saft, Brezel oder irgendetwas anderes, was die Kleinen so gerne mögen. Natürlich hat es auch psychosoziale Gründe, warum manche Kinder zufriedener und ausgeglichener sind, aber ich kann beobachten, dass viel davon abhängt, wie ein Kind ernährt wird.

Schokolade zum Trösten. Wir alle wissen: Wenn es uns schlecht geht, greifen wir oft bewusst oder unbewusst zu Schokolade, da sie uns tröstet. Der Kakao und der Zucker bewirken kurzfristig eine Hormonausschüttung (Serotonin), die uns glücklich macht und von unseren schlechten Gefühlen ablenkt. Schokolade gibt uns kurzfristig einen Glücksrausch. So ist das auch bei Kindern: Ihnen wird durch die Gabe von Schokolade, die oft zum Trösten eingesetzt

wird, suggeriert, dass alles gut ist und sie sich sofort besser fühlen und so das „Problem“ vergessen. So lernen sie nicht, mit ihren Gefühlen umzugehen und es auch mal aushalten, negative Gefühle zu spüren. Die aber sind wichtig und ganz normal. Und auch die Eltern müssen lernen es auszuhalten, wenn das Kind mal richtig schimpft, weil es etwas nicht bekommt. Das Kind darf diesen Frust haben. Es muss lernen, diesen Frust mit sich selbst auszumachen, und gleichzeitig spüren, dass Sie bei ihm sind, es weiter lieb haben, aber dem Wunsch, jetzt Schokolade essen zu wollen, nicht nachkommen. Bekommen die Kinder bei jedem Wehwehchen, bei jedem Frust ein süßes Trösterchen, kann daraus ein „Sich-nicht-spüren“ resultieren.

Kinder müssen die Chance bekommen, auch mal negative Gefühle auszuhalten. Sie bekommen nicht die Chance zu lernen, wie es sich anfühlt, wenn sie durch ihren Frust durchgehen und spüren: „Ich verdaue meinen Frust aus eigener Kraft - und mit der Liebe meiner Eltern“. Das macht Ihre Kinder stark. Sie haben es geschafft, eine für sie negative Situation von Anfang bis zum Ende durchzuspüren. Ein „Sich-nicht-Spüren“ kann sich im späteren Leben in vielen Bereichen äußern, ich will hier nur mal Beziehungen und den Umgang mit sich selbst nennen. Aber wer denkt schon bei Apfelschorle oder Fruchtsaftschorle an solche Folgen? Es wird sich dann nur gewundert über die steigende Zahl der Kinder, die hyperaktiv sind, Lernschwierigkeiten haben, durch soziale Inkompetenz auffallen oder übergewichtig sind.

„Der Spiegel“ schreibt in einem Bericht von 17.10.2004 sinngemäß: Ausschlaggebend für den Kampf gegen die Fettsucht und Sucht der Kinder ist, inwieweit es uns gelingt, die aggressive Werbung um Kinder abzuschaffen. Mit Sonderangeboten und viel versprechenden Werbeslogans werden die Kinder in die Läden gelockt, in der Hoffnung, dass sie ihr Leben lang diesen Produkten treu bleiben. Weiter schreibt „Der Spiegel“: Politiker, Mediziner und Lehrer warnen: Deutschlands Nachwuchs wird immer dicker und träger. Sie werden immer früher immer dicker aus Veranlagung, Erziehung, Maßlosigkeit oder Kummer. Und ohne die Eltern können wir da gar nichts ändern. Wer traurig ist, bekommt Schokolade, wer beim Zahnarzt nicht heult, ein Eis, wer hampelt, bekommt einen Keks. Nahrung wird zur Pauschalantwort auf alle negativen Gefühle, sobald dem Kind etwas die Kehle runterläuft, fühlt es sich besser. Quelle: „Der Spiegel“, vom 17.10.2004.

4. Das süße Leben

Wie geht es unseren Schülern?

Das süße Leben.

Wie geht es unseren Schülern? Dies ist ein etwas provokanter, aber gut recherchierter Bericht. So und ähnlich habe ich es unzählige Male in der Praxis gehört. Warum haben wir bloß sooo viele schlechte Schüler? Wie kann man lernen, wenn man sich im einem Zucker-Insulin-Blutzuckerabfall-Rausch befindet? Die Ernährung unserer Schüler kann einem die Tränen in die Augen treiben!

Morgens Schulkiosk. Schauen wir uns doch mal die Ernährung der Schüler an: Meist gehen sie ohne Frühstück aus dem Haus, dann gibt es in der Schule erst mal einen Koffeindrink zum Aufwachen und dann endlich in der ersten Pause hat der Schulkiosk auf. Schön gefüllt, mit belegten Semmeln, mit einem lieben Mohrenkopf, diversen Schokoriegeln, auch O-Schockriegel genannt. Also alles, was ein Schülerherz begehrt ... Die direkten Folgen sind: Unkonzentriertheit, Größenwahn, Müdigkeit, Aggressionen, psychosoziale Auffälligkeiten, schlechte Schulleistungen, kein Bock und vieles mehr. Die langfristigen Folgen sind dramatisch. Kaum zu beschreiben. Wohin dann irgendwann mit den ganzen Diabetikern, Bluthochdrucklern, Herzinfarktgefährdeten, Übergewichtigen, kranken Menschen. Wer soll das bezahlen? Und vor allem: Wer soll dann noch die Wirtschaft in Gang halten, wenn alle im Krankenhaus sind oder sich in Kur befinden? Vielleicht überziehe ich etwas. Vielleicht aber auch nicht. Zurück zu den Schülern. Wir waren ja erst in der großen Pause.

Mittags Fastfood oder anderes Fastfood. Nach der Schule geht es dann zum Imbiss oder Fastfoodfachgeschäft. Dann gibt es erst mal ordentlich was zu essen und trinken. Einen von liebender Hand zubereiteten Burger aus fettem Fleisch, hingebungsvoll angerichtet in einer Semmel, die geschmacklich, sind wir mal ganz ehrlich, sich nicht von einem Pappkarton unterscheiden lässt. Deswegen kommt da noch ordentlich Ketchup und eine mit feinen Aromen angereicherte Majosoße drauf – denn sonst würde das doch kein Mensch essen. Und weiter geht's. Nachmittags gibt's dann noch einen Riegel, und getrunken muss ja auch genug werden. Leider hat ihnen noch niemand gesagt, dass wir keine Softdrinks in unseren Zellen haben, sondern Wasser.

Nachmittags wahlweise eine Schlägerei, Depression oder rumhängen. Wenn die Müdigkeit fast unerträglich wird oder die Aggressionen ins Uferlose steigen, dann kann man sich wahlweise mit einem Freund oder vielleicht doch besser noch mit einem aus einer Randgruppe ordentlich auf die Schnauze hauen, denn das bringt den Kreislauf in Schwung und den Insulinspiegel runter. Ist so eine Möglichkeit nicht in Reichweite, kann man sich auch einen absoluten Null-Bock-Nachmittag gönnen, denn eigentlich ist doch eh alles zum Kotzen. Dann lieber rumhängen und rauchen. Sportmachen ist nicht so gut, denn den 16- bis 18-Jährigen tut eigentlich immer der Rücken weh. Oder sonst etwas. Also lieber schonen. Du weißt schon – mein Kreuz.

Abends, wenn sie dann zu Hause sind, gibt es etwas Ordentliches. „Also ernähren wir uns doch gesund", habe ich schon so oft in der Praxis gehört.

Auberginen und Zucchini sind doch das Gleiche, oder? Neulich saß im Restaurant ein junger Mann bei mir am Nebentisch, der ganz interessiert in seinem Essen herumstocherte und sagte: „Ich glaube, ich mag keine Auberginen." Ich schaute auf seinen Teller, und es waren weit und breit keine Auberginen zu finden. Der Teller war voll mit Zucchini. Ich sagte dann: „Du meinst wohl Zucchini?" „Nein, nein, ich mein schon Auberginen, das was ich da esse halt." Der Mann hatte wohl noch nicht viel Gemüse in seinem Leben gegessen. Und das war sicher kein Einzelfall.

Ja, ja Avocados kenn ich. Es gibt Kinder, die halten Avocados für eine ganz spezielle Hunderasse, Maracujas für eine Boygroup oder Chinakohl für den Decknamen der neuesten Designerdroge. „Und Brokkoli ist doch irgendwas Unanständiges. Oder?" Natürlich gibt es auch andere Schüler. Ich habe nur einmal das zusammengefasst, was ich bei mir in der Praxis gesammelt habe.

Und das macht mir nicht gerade Mut. Oder doch, genau deshalb sitze ich hier und schreibe. Vielleicht liest es jemand. Eltern oder Jugendliche. Denn es geht auch anders und macht viel mehr Spaß – und vor allem schlauer, aktiver und beweglicher. Geistig wie auch körperlich. Was man dazu braucht, ist Nahrung, die auch ernährt.

Es gibt auch noch andere Gründe ... Natürlich kann ich auch hier nicht alle Gründe abhandeln, die dazu führen, dass unsere Kinder sich nicht konzentrieren können, mittags nicht nach Hause zum Essen gehen, Kontaktschwierigkeiten haben oder unsoziales Verhalten an den Tag legen. Ich kann nur sagen, dass die Ernährung für alle wichtig ist, egal in welcher familiären Situation, welchem sozialen Umfeld oder Lebensalter sie sich befinden.

Denn auch hier gilt: Ein gut ernährter Körper und dadurch gestärkter Geist kann mit Lebenssituationen besser, kreativer und produktiver umgehen und auch neue Wege finden, um sich aus einer schlechten Situation zu befreien. Die Eltern sind aufgerufen, sich um ihre familiäre Situation zu kümmern, das heißt ihre Beziehung, Ehe und Partnerschaft zu pflegen und sich um die Liebe und das Gelingen einer Partnerschaft und Familie zu kümmern.

Der Münchner Paartherapeut Michael Ulbricht sagt zu Recht: Beziehungen werden von selbst schlechter!!! Er hat eine neue Form der Therapie gefunden, die nicht gleich den Schrecken Psychotherapie beinhaltet, sondern Paaren eine Beziehungsinspektion anbietet. Diese Form hat sich als sehr erfolgreich herausgestellt, denn die Paare setzen sich mit ihren Problemen oder Kommunikationsschwierigkeiten auseinander, bevor es zu spät ist. Wenn Sie mehr darüber erfahren wollen informieren Sie sich bitte unter:
www.beziehungsinspektion.de

5. Die Harmonja-Mahlzeit

- Wie erreiche ich das hormonelle Gleichgewicht durch die Nahrung?
- Rezeptideen

Die Harmonja-Mahlzeit.

Theoretisch sind Sie jetzt schon fit! Die theoretischen Fakten haben Sie schon geschafft, jetzt kommt es zur Praxis. Lecker, endlich darf gegessen werden. Wie Sie gesehen haben, liegt das Geheimnis darin, die Makronährstoffe von Eiweiß, Kohlenhydraten und Fett so zu kombinieren, dass:

1. *der Blutzucker weitgehend konstant bleibt, also ein hohe Insulinausschüttung vermieden wird. Dies wird durch die Kombination von guten Eiweißen und guten Kohlenhydraten erreicht.*
2. *gute Gewebshormone, die Eicosanoide, gebildet werden. Dies wird durch den Verzehr von guten Fetten erreicht.*

Was und wie viel? Jetzt stellt sich also die Frage: Was und wie viel kann man essen, um ins hormonelle Gleichgewicht und dadurch zu mehr Leistungsfähigkeit, Gesundheit und einer guten Figur zu kommen?

Eiweißbedarf von Frauen und Männern. Beim Berechnen des täglichen Eiweißbedarfs, wie er von der WHO empfohlen wurde, entstanden vor meinem inneren Auge große Fragezeichen. Die WHO rät: 0,8 bis 2,0 g reines Eiweiß pro Kilo Körpergewicht pro Tag. Damit kann niemand etwas anfangen, denn was sind denn z.B. 70 g reines Eiweiß? Ein Putenschnitzel von 140 g hat einen reinen Eiweißgehalt von 40 g. Das weiß ich, weil ich nachgelesen habe. Aber Sie wussten das vermutlich nicht – und brauchen das auch nicht zu wissen. Es geht auch leichter.

Richtwerte für den täglichen Eiweißbedarf von Frauen und Männern. Frauen und Männer brauchen unterschiedlich viel Eiweiß und können diesen Bedarf je nach Sättigungsgefühl, Verträglichkeit und körperlicher Betätigung mit den nun folgenden Richtwerten selbst bestimmen. Diese Werte können nur Richtwerte sein, sollten aber trotzdem weder nach oben noch nach unten zu sehr verlassen werden. Beobachten Sie sich und Ihre körperlichen und geistigen „Beschwerden“, und Sie werden für sich eine Menge Eiweiß finden, die Sie körperlich und geistig in den optimalen Stoffwechselzustand bringt. Bei jeder Mahlzeit, jeden Tag.

Eiweiße und deren Mengen, die der Organismus von Frauen und Männern bei einer Mahlzeit verstoffwechseln kann:
Bei Schwangeren und körperlich schwer Arbeitenden erhöht sich der Bedarf um 25 %. Bei Hochleistungssportlern erhöht sich der Bedarf um 50 %.
Es kann pro Mahlzeit verzehrt werden: (Hier handelt es sich um Maximalmengen, d.h. es darf auch weniger gegessen werden.)

Fleisch	*90–120 g* *Dies entspricht in etwa der Dicke und Größe des eigenen Handtellers.*
Fisch	*140–180 g* *Dies entspricht in etwa der Dicke und Größe des eigenen Handtellers.*
Tofu, fest	*180–240 g*
Tofu, weich	*240–320 g*
Käse	*120 g*
Hüttenkäse	*200 g*
Eiklar	*6–8 Stück*
Eier	*4 Stück **
Quark	*250 g*
Wurst	*90–120 g*
Schinken	*90–120 g*

** 4 Eier wären vom reinen Eiweißgehalt her möglich, sind aber wegen der hohen Menge an Arachidonsäure, die sich im Eigelb befindet, nicht zu empfehlen.*

Damit Sie nicht immer abwiegen müssen, gebe ich Ihnen eine Faustregel an. Trotzdem ist es ratsam, sich die Mengen an Eiweiß mit einer Brief- oder Lebensmittelwaage einmal abzuwiegen, um überhaupt ein Gefühl für Mengen zu bekommen. Danach haben Sie es im Blick oder im Gefühl oder Sie nehmen einfach die Faustformel zu Hilfe.

Faustformel für die Hauptmahlzeiten. Kombinieren Sie:

1 Handteller Fleisch oder Fisch mit 2 Handtellern guter Kohlenhydrate
oder
1 Handteller Fleisch oder Fisch mit 1 Handteller schlechter Kohlenhydrate

Kombinieren Sie andere Eiweiße als Fisch oder Fleisch zu den Kohlenhydraten, dann richten Sie sich nach den im Kasten beschriebenen Mengen. Beispiel: 250 g Kräuterquark mit 1 Handteller Kartoffeln. Oder: 200 g festen Tofu mit 2 Handtellern Paprikagemüse.

Wenn Sie weniger Eiweiß essen wollen, als die Höchstmenge erlaubt. Nehmen Sie weniger Eiweiß, als die Höchstmenge es erlaubt, dann reduziert sich auch die Menge der Kohlenhydrate, um nicht aus dem Gleichgewicht zu kommen. Das gilt vor allem für die schlechten Kohlenhydrate, wie Kartoffeln, Reis, Nudeln, Klöße und dergleichen.

Bei den guten Kohlenhydraten wie Gemüse, Hülsenfrüchten und Salat bringt auch eine größere Menge Sie nicht aus dem Gleichgewicht, denn der Insulinausschlag ist geringer und vor allem dosierter. Das heißt: Schlechte Kohlenhydrate sollen im begrenzten Maße genossen oder auch öfter mal gemieden werden.

Gute Kohlenhydrate bringen uns auch in größeren Mengen nicht aus dem Gleichgewicht. Greifen Sie zu Obst, Gemüse, Hülsenfrüchten und Salat. Die einzige Begrenzung, die es bei den guten Kohlenhydraten gibt, ist der gesunde Menschenverstand.

Keine Angst vor den Mengen – sie reichen aus. Probieren Sie es aus, und Sie werden merken, dass die in etwa angegebenen Mengen völlig ausreichen, um satt und leistungsfähig zu sein. Am Anfang hat man Sorge, ob es reicht. Aber alles an ZUVIEL, was Sie dem Körper aufladen, ist belastend und somit nicht gesundheitsförderlich. Und es macht müde und schlapp. Vielleicht kann dies der folgende Satz etwas deutlicher machen.

Ein Viertel der Nahrung, die wir zu uns nehmen, brauchen wir. Die anderen drei Viertel machen Sie früher oder später krank.

Brotzeit und Frühstück. Die Mengen der verschiedenen Eiweiße kennen Sie jetzt schon. Sie sind im Kasten beschrieben und gelten für jede Mahlzeit, ob Frühstück, Mittag- oder Abendessen. Das heißt, wir müssen uns noch um die Kohlenhydrate für Frühstück oder Abendessen kümmern.

Bei den guten Kohlenhydraten gilt auch hier: Essen Sie, bis Sie satt sind und schalten Sie den gesunden Menschenverstand ein.

Bei den schlechten Kohlenhydraten gibt es auch eine Begrenzung, um den Insulinausschlag gering zu halten. Da es sich um Frühstück oder Abendessen handelt, sprechen wir hier von Müsli und Brot. Kochen Sie hingegen zum Abendessen, dann richten Sie sich nach der Faustformel für die Hauptmahlzeiten. Höchstmengen von schlechten Kohlenhydraten bei einer Mahlzeit sind:

60 g Vollkornbrot
60 g Müsli aus vollem Korn und ohne Zucker

Mit diesen Mengen an schlechten Kohlenhydraten ist ein konstanter Blutzucker gewährleistet, wenn Sie dazu die Höchstmenge an Eiweiß kombinieren.

Vorschlag für Frühstück – mal ohne die Klassiker Brot und Müsli. Probieren Sie es einfach mal aus, vielleicht geht es Ihnen so wie mir und ganz vielen meiner Patienten: Sie sind wesentlich leistungsfähiger im Beruf, können sich besser konzentrieren, werden nicht schon um 10 Uhr vormittags müde und können somit Ihren Kaffeekonsum stark einschränken, haben nicht so einen Hunger auf Süßes und freuen sich aufs Mittagessen, denn Sie bekommen 4–5 Stunden nach dem Frühstück angenehmen Hunger auf etwas „Richtiges“.

Vorschlag: Wählen Sie sich ein Eiweiß, auf das Sie Lust haben, z.B. Hüttenkäse, Quark, fettarmer Käse, Eier oder Putenbrust, und essen Sie dazu einen großen Teller frisches Obst. Das hört sich zunächst vielleicht befremdlich an, denn Obst mit Putenbrust ist nicht so eine gängige Kombination. Probieren Sie es einfach aus, vielleicht werden Sie auch so positiv überrascht.

Vorteile: Sie werden angenehm satt, Ihr Blutzuckerspiegel bleibt konstant, Sie bekommen schon morgens alle Vitamine und Kraftstoffe die Sie für den Tag brauchen – und natürlich beinhaltet diese Kombination wesentlich weniger Kalorien – und Sie können sich langsam mit Ihrer Waage aussöhnen.

Mögliche Zwischensnacks. Um sich auch bei den Zwischenmahlzeiten nicht aus dem Gleichgewicht zu bringen, empfiehlt es sich auch hier, auf die Kombination von Eiweiß und Kohlenhydraten zu achten. Beispiele:

- *Quark mit Obst*
- *Hüttenkäse mit Obst*
- *Hüttenkäse mit Putenbrust*
- *Käse mit Obst*
- *Obst mit Eiweißling*
- *Naturjoghurt, dieser ist an sich schon ausgeglichen, denn er enthält Kohlenhydrate und Eiweiß in einem Verhältnis von 1:1*
- *Bitterschokolade mit Hüttenkäse*
- *Bitterschokolade mit Eiweißling*

Zur Erinnerung: Was ist ein Eiweißling? Ein Eiweißling ist reines, gepresstes Eiweiß aus Hülsenfrüchten in Kapselform. Es ist kein Medikament. Sie können es zu Ihrer Nahrung dazu kombinieren, wenn Sie kein Eiweiß in Form von Fisch, Fleisch, Quark oder anderem zur Hand haben. Als Beispiel hatte ich einen großen Teller Nudeln oder Gemüse mit Kartoffeln angegeben. Wenn Sie dazu Eiweiß in Form eines Eiweißlings kombinieren, bringt auch ein reines Kohlenhydratessen Sie nicht aus dem Gleichgewicht. Anwendungshinweise und Bezugsquellen können Sie dem Anhang entnehmen. Eigene Erfahrung: Ich möchte ihn nicht mehr missen, den Eiweißling.

Was wollen Sie persönlich mit der Harmonja -Ernährung erreichen?

Abnehmen: Wenn es darum geht abzunehmen, dann halten Sie sich bitte genau an die angegebenen Richtlinien und Mengen. Vor allem meiden Sie alle schlechten Kohlenhydrate und fettes, rotes Fleisch oder Wurst daraus. Denn schlechte Kohlenhydrate und schlechte Fette machen dick und krank.

Körperlich und geistig im optimalen Zustand sein: Wenn es Ihnen um Ihre persönliche Leistungssteigerung und Erhaltung oder Erreichung Ihrer Gesundheit geht, dann beobachten Sie bitte genau, wie viel Nahrung Sie zu sich nehmen können, um Ihren optimalen Zustand zu erreichen.

Manche können etwas mehr essen und bleiben in ihrem Gleichgewicht, manche müssen sich ziemlich genau an die Mengen halten, um sich im optimalen Stoffwechsel zu befinden. (Siehe dazu Kapitel: „Nicht jeder reagiert hormonell gleich“.) Wichtig ist zu wissen: Sie können sich bei jeder Mahlzeit in das oder aus dem Gleichgewicht bringen.

Das heißt, wenn Sie sich rausgebracht haben, können Sie sich bei der nächsten Mahlzeit wieder reinbringen. Sich selbst zu beobachten, ist sehr spannend. Sie werden einen Unterschied feststellen, ja nachdem, was Sie gegessen haben, und dann werden Sie bald Ihre Mengen kennen.

Die Menge, die Sie essen können, mit der Sie auch nach der Mahlzeit noch topfit in Körper und Geist sind und sich nicht erst einmal ein Stündchen hinlegen müssen. Wenn Sie erst einmal im Harmonja-Gleichgewicht waren, haben Sie eine Vergleichsmöglichkeit, um fortan festzustellen, ob Ihnen etwas gut tut oder ob es Sie „krank“ macht.

Und ich bin mir sicher: Auch Sie wollen dann nur noch Ihren optimalen Stoffwechselzustand haben und verzichten automatisch auf ein fettes Stück Sahnetorte oder greifen zu Huhn anstatt zur Schweinshaxe. Auch wenn Sie das von Ihrer Figur her nicht müssten. Sie tun es für Ihre Lebensfreude und für Ihre Gesundheit. Es lebt sich leichter, wenn man wach, leistungsfähig, kreativ, lustig, schmerzfrei und gesund ist.

Gute Fette nicht vergessen! Denken Sie daran, egal aus welchen Gründen Sie die Harmonja-Ernährung anwenden: Für alle ist es wichtig, zu jeder Mahlzeit etwas gutes Fett zu verzehren, in Form von Olivenöl, Avocado, Mandeln oder anderer Öle. Sie wissen das ja schon: wegen der Bildung guter Eicos!

Vergessen Sie schlechte Fette! Meiden Sie schlechte Fette, wie fettes, rotes Fleisch oder fette Wurst, denn dieses Fett verhindert die Aufnahme von Eiweiß und verlangsamt unseren Stoffwechsel.

Der Kohlenhydrattag.

Wenn Sie jetzt langsam Panik bekommen und sich sagen: So ein Quatsch, das mach ich nicht, das halte ich nicht durch. Wie kann ich ohne meine Spätzle, Kartoffeln, Riesenberge Nudeln und Reis leben, dann wäre für Sie folgende Lösung möglich:

Erklären Sie einen Tag in der Woche zu Ihrem Kohlenhydrattag. Am besten wäre der Samstag, denn wenn man sich da aus dem Gleichgewicht bringt, leidet die Volkswirtschaft nicht so. Das ist eigentlich gar nicht ironisch gemeint, denn ich bin der festen Überzeugung, dass bei vielen Menschen nach einem Mittagessen in der Kantine mit Kartoffeln und fettem Fleisch oder Nudeln mit Gemüse oder Suppe und danach was Süßes Konzentrationsfähigkeit und Arbeitseifer am Nachmittag stark nachlässt. Habe ich unzählige Male in der Praxis gehört. Nicht, dass Sie nicht mehr in der Kantine essen sollten, denn das Essen ist dort oft sehr gut, aber – die Mischung macht's, – Sie sollten Ihre Mahlzeit richtig kombinieren.

Mein Wunsch ist es, in Unternehmen Vorträge über Ernährung und die Auswirkung auf die Ertragslage des Unternehmens zu halten. Das sollte gerade in der heutigen Zeit alle interessieren. Ich werde nicht behaupten, dass alle Miseren nur vom falschen Essen kommen, aber Motivation, Kreativität und geniale Einfälle bekommt man eher, wenn das Gehirn genug Nahrung hat, alles gut durchblutet ist und genug Sauerstoff zur Verfügung steht. Der durchschnittliche Gesundheitszustand von uns Deutschen entspricht etwa dem

Gesundheitszustand unserer Wirtschaft: Wir leiden an Infarkten, Kollapsen, Burnout-Syndromen, Unlust, Depressionen, Schwerfälligkeit durch Erkrankungen wie Diabetes, Bluthochdruck und vielem mehr.

Zurück zum Samstag: Zum Mittagessen gibt es dann genau das, was Sie vielleicht vermisst haben oder worauf Sie einfach nicht für immer verzichten wollen: Kartoffelbrei, Nudeln satt, Knödel, Reis, Spätzle usw. Machen Sie daraus einen Feiertag, an dem es etwas gibt, was es sonst nicht gibt. Wie früher, da gab es auch nur an Feiertagen einen fetten Braten.

Behandeln Sie schlechte Kohlenhydrate wie Pralinen, denn was anderes sind sie ja nicht: Kohlenhydrate werden genau wie Pralinen im Körper zu Zucker zerlegt.

Natürlich ist es sinnvoll, auch an diesem Tag ein gutes Eiweiß dazu zu kombinieren, denn Sie wollen vielleicht noch etwas mit Ihrer Familie unternehmen und nicht nur auf der Couch liegen. Denn der Einfluss unserer Nahrung endet nicht beim Körper, sondern erstreckt sich auch auf unsere Psyche in puncto Beziehungsfähigkeit und Lust.

Wichtig: Sie können sich bei jeder Mahlzeit in das oder aus dem Gleichgewicht bringen. Das heißt, wenn Sie sich rausgebracht haben, können Sie sich bei der nächsten Mahlzeit wieder reinbringen. Spürbar!!!

Zur Erinnerung – Die Harmonja-Ernährung

1. ist eiweißangepasst an den Bedarf, den alle Körperstrukturen brauchen, um arbeiten zu können. In unserem Körper kommt Eiweiß (Protein) in größeren Mengen vor als jede andere Substanz mit Ausnahme von Wasser
2. reduziert schlechte Kohlenhydrate, also solche, die eine hohe Insulinausschüttung zur Folge haben
3. reduziert schlechte, also gesättigte Fette
4. sorgt für regelmäßigen Verzehr guter Fette für die Bildung guter Eicos und zur Schonung unserer Nerven.

Zusammenfassung:

1. Es ist von großer Wichtigkeit, den Verzehr von schlechten Kohlenhydraten zu reduzieren oder zu meiden, um den Insulinausstoß gering zu halten.
2. Gute Kohlenhydrate bringen uns auch in größeren Mengen nicht aus dem Gleichgewicht.
3. Es ist wichtig, beim Verzehr von Eiweiß auf einen niedrigen Fettgehalt zu achten.

Beim Fleisch wie auch bei Käse. Denn Fett mach fett und verhindert die Aufnahme von Eiweiß und blockiert den Stoffwechsel. Wichtig ist es auch, auf den Verzehr von guten Fetten zu achten, denn diese sind die Grundbausteine unserer guten Eicos.

Durch die Harmonja-Ernährung ist gewährleistet: dass Ihr Insulinausstoß verringert wird, Ihr Blutzucker dadurch konstant bleibt, daraus resultiert, dass alle Hormone gebildet werden, die Sie brauchen, um gesund, schlank, vital, leistungs- und glücksfähig zu sein. Probieren Sie es aus! Sie werden einen Unterschied bemerken.

Harmonja-Rezepte.

Ideen und Kombinationsmöglichkeiten für eine Ernährung im hormonellen Gleichgewicht. Hier handelt es sich nicht um ausgearbeitete Rezepte, die Sie schrittweise nachkochen können. Es handelt sich um Kombinationsmöglichkeiten, mit denen Sie ins hormonelle Gleichgewicht kommen können. Entweder Sie kochen dann diese Kombinationen „aus dem Ärmel geschüttelt" oder ziehen ein Kochbuch zur Hilfe heran. Bei den „süßen Sachen" habe ich es etwas ausführlicher gemacht. Mir ist wichtig, dass Sie eine Auswahl an Kombinationen sehen können, um Ihre Kreativität zu beflügeln, auch selber Kombis für sich zu kreieren.

Frühstück

Jeweils mit einer Tasse Tee oder Kaffee.

1. *Vanillequark mit frischen Erdbeeren und Erdnüssen.*
2. *Joghurt satt, 500 g mit Nüssen, Mandeln oder Erdnussbutter pur.*
3. *Obstsalat mit Quark, Milch und frischen Nüssen.*
4. *Obst satt mit 3 Eiweißlingen, 1/2 Avocado mit Zitrone. Macht satt, macht fit, macht schlank.*
5. *Bananenquark mit Cashewkernen, auch toll als Zwischensnack.*
6. *Buttermilch mit Banane, 1/2 Teelöffel Erdnussbutter, als Shake.*
7. *Buttermilch oder Kefir mit gefrorenen Himbeeren, etwas kleingehackte Mandeln.*
8. *Obst mit Soße: Hüttenkäse, Zimt und Mandeln in Mixer. Obst drunterheben.*
9. *Ungesüßtes Müsli mit Mandel oder anderen Nüssen, ca 40 g mit Obst je nach Wahl, 150 g Quark und etwas Milch.*
10. *Rührei mit Tomaten und Mozzarella.*
11. *Käseomelett mit gehackten Tomaten und Kräutern.*
12. *Rührei aus 1 Ei und 2–4 Eiweiß mit Kresse oder Schnittlauch und etwas Milch verrühren. Dazu wahlweise Vollkornbrot oder frisches Obst. Banane und Ananas schmecken besonders gut dazu 1/2 Avocado Salz ,Pfeffer und Zitrone.*

13. *Omelett aus 1 Ei und 2–4 Eiweiß oder nur aus 4 Eiweiß mit Lachs.*
14. *Vollkornbrot mit Putenbrust 1/2 Avocado mit Hüttenkäse gefüllt, Salz, Pfeffer und wer mag Chilis oder Paprika und eine Scheibe frische Ananas.*
15. *Vollkornbrot mit Fruchtmark (ohne Zucker), dazu 3 Eiweißlinge.*
16. *Vollkornbrot mit Hüttenkäse und Erdnussbutter pur. Hüttenkäse oder Quark mit Erdnussbutter vermischt ist ein hervorragender Brotaufstrich.*
17. *Vollkornbrot mit fettarmem Käse, Tomaten und Gurke.*
18. *Vollkornbrot mit Lachs oder Thunfisch.*

Persönliche Frühstückstipps, die sich erst mal befremdlich anhören: Probieren Sie es mal aus. Ein gemischter Teller Obst mit:

Putenbrust oder ein Rührei aus 4 Eiweiß

Mittagessen

Als Vorspeise einen Salat der Saison mit Olivenöl und Hefeflocken. Beim Fleisch bietet sich an Huhn, Pute, Truthahn, mageres Rind- oder mageres Lammfleisch. Die Fleisch- und Fischmengen ergeben sich aus der Faustformel oder aus Ihrem persönlichen Bedarf, den Sie für sich herausgefunden haben. Die Vorschläge mit Fleisch sind mit guten Kohlenhydraten. Sie können diese auch teilweise oder komplett durch schlechte Kohlenhydrate ersetzen, sollten da auf die Menge achten. Fleisch kann auch durch Tofu ersetzt werden.

1. *Fleisch mit Paprika-Tomatengemüse und Salat.*
2. *Fleisch mit in Olivenöl gedünsteten Zucchini und Salat.*
3. *Fleisch mit Ratatouille.*
4. *Fleisch mit Champignon-Zwiebelgemüse.*
5. *Fleisch in Zitronengras-Kokossoße mit Thaigemüse.*
6. *Fleisch mit Gemüse in Buttermilch-Wein-Zwiebelsoße.**
7. *Gulasch mit Kichererbsen.*
8. *Fleisch in Kokosgemüsesoße mit Linsen.***
9. *Gebratenes Hähnchen mit Erbsen-Karottenmuß.*
10. *Gemüsepfanne „Allerlei" mit Putenbrust.*
11. *Rinderfiletsteak mit grünen Bohnen.*

12. Rinderrouladen mit grünem Pfeffer und Rotkohl.
13. Bunte Salatschüssel mit gebratenen Hähnchenkeulen.
14. Bunte Salatschüssel mit gekochten Eiern, Oliven und Zwiebeln.
15. Bunte Salatschüssel mit Putenstreifen und Sojasprossen.
16. Hähnchen mit roten Linsen.
17. Feuriger Bohneneintopf mit Hähnchen. Bohnen (gekocht), Zwiebeln, Zucchini, Tomaten, Chili in Zwiebeln andünsten, mit Tomatenpüree aufgießen, würzen.
18. Gefüllte Paprika mit Tomatensoße.
19. Kalbfleischeintopf. Fleisch mit Champignons, Silberzwiebeln, Tomaten und Steckrüben braten, mit Brühe aufgießen, würzen.
20. Linseneintopf mit Rindfleisch.
21. Chili-Putenschnitzel mit Tomaten/Rucolasalat.
22. Putenschnitzel mit Gemüsesoße. Paprika, Zucchini, Zwiebeln klein schneiden, in Brühe dünsten, würzen. In den Mixer mit Sojasahne. Dazu Salat.

Fisch, kann auch durch Tofu ersetzt werden

1. Lachs mit Spinat und Feldsalat.
*2. Lachs in Buttermilch-Dill Soße*** mit Karotten-Zucchinigemüse.*
*3. Thunfisch in Kapern-Senfsoße***** mit Brokkoli.*
*4. Fischcurry. Fisch Ihrer Wahl in Kokos-Zitronensoße, Zucchini-Karottengemüse mit Kichererbsenmuß.******
5. Angebratene Scampis mit gemischtem Salat der Saison.
6. Lachs in Buttermilch-Dill-Soße mit Bandnudeln oder Reis, Salat.
7. Bunte Salatschüssel mit Thunfisch.
8. Bunte Salatschüssel mit Tintenfischringen.
9. Lachsfilet mit grüner Soße. Gemischte Kräuter klein hacken, Essig, scharfer Senf, Öl, Joghurt. Alles vermischen und lauwarm zum Lachs servieren.
10. Gebratene Forelle, Brokkoli mit in Butter geschwenkten Mandelblättchen.

Suppen: als Vorspeise Salat mit Olivenöl und Hefeflocken.

1. *Super-Nahrhaft-Suppe: Gemüse- oder Fleischbrühe, Suppeneinlage: Hackbällchen aus magerem Rind, kleine Tofustücke, Brokkoli und Karotten.*
2. *Gemüsesuppe mit Putenwiener.*
3. *Gemüsesuppe mit Tofueinlage.*
4. *Gulaschsuppe aus magerem Rind.*
5. *Putengulaschsuppe mit Paprikaeinlage.*

Zwischenmahlzeiten/Snacks/Nachspeisen

1. *Obstsalat in Gelatine mit Walnüssen. Gelatine auflösen, Obst hinein, kurz mitköcheln lassen, auf Schälchen verteilen, erkalten lassen, mit Walnüssen garnieren.*
2. *Bananenquark. Fettarmer Quark mit Mineralwasser cremig gerührt, Banane dazu und ab in den Mixer.*
3. *Steifer Mandarinen-Joghurt: Gelatine, Joghurt, Tofu, etwas Olivenöl rühren bis Gelatine sich aufgelöst hat. Mandarinenschnitze und Minzblätter dazu und leicht weiter köcheln. Wenn die Mandarinen zerfallen sind in Schälchen gießen – erkalten lassen. Bei Bedarf mit Honig oder Zucker süßen.*
4. *Süßes Omelett: 1 Person: 1 Ei plus 3 Eiweiß. Eiweiß steif schlagen, Eigelb und etwas Zucker drunterziehen, wie Pfannkuchen braten und zum Schluss mit Erdbeeren garnieren.*
5. *Hüttenkäsepudding: Gelatine, Joghurt, Milch, Eier unter Rühren erhitzen, etwas abkühlen lassen. Hüttenkäse, Honig, Mandelsplitter und Obst nach Geschmack dazu, fest werden lassen.*
6. *Gemischte Nüsse für unterwegs.*
7. *Obst mit Hüttenkäse. Besonders lecker sind alle saftigen Obstsorten, wie Pfirsiche, Ananas, Mangos, Kiwis und so weiter. Äpfel am besten reiben.*
8. *Obst mit Quark und Honig.*
9. *Fettarmer Joghurt.*

Zwischenmahlzeiten/Snacks/Nachspeisen

10. *Fettarme Milch.*
11. *Obst mit Eiweißlingen für unterwegs.*
12. *Bitterschokolade mit Eiweißlingen für unterwegs.*
13. *Kuchen, die Eiweiß haben, wie Käsekuchen, Philadelphiatorte mit Eiweißlingen.*

Abendessen/Brotzeit

1. *Vollkornbrot mit Kräuterquark, Tomaten-Kresse-Salat mit Olivenöl*
2. *Vollkornbrot mit Putenbrust, scharfes Paprikamuß und Pinienkerne*
3. *Vollkornbrot mit fettarmem Käse, getrockneten Tomaten und Oliven*
4. *Vollkornbrot mit gemischten Kräutern an Hüttenkäse, Oliven*
5. *Vollkornbrot mit Hüttenkäse und Guarcamole (Avocadomuß)*
6. *Vollkornbrot mit fettarmer Putenwurst*
7. *Vollkornbrot mit Lachs und Meerrettich, Avocado*
8. *Vollkornbrot mit geräuchertem Fisch Ihrer Wahl, Mandeln oder Nüssen*
9. *Hähnchensalat mit Spargelspitzen und Joghurt, Brot dazu*
10. *Thunfischsalat mit Paprika, Gurke, Oliven, Zwiebeln, Brot dazu*
11. *Gebratene Scampis mit Knoblauch, dazu Vollkorntoast*
12. *Kräuterquark mit Gemüsestreifen*
13. *Tofu eingelegt in Sojasoße, Knoblauch und Cayennepfeffer anbraten, dazu Vollkorntoast*
14. *Gebratene Hühnerbrust mit Tomatensalat, Brot*
15. *Kalte, gebratene Putenstreifen mit Sherry abgelöscht mit Bruschetta (Toast mit kleingehackten, gewürzten Tomaten, Olivenöl)*
16. *Putenbrustsalat „durcheinander“. Putenbrust in Streifen schneiden, Champignons, Frühlingszwiebeln, Tomaten, gekochte Kichererbsen, geraspelte Karotten, Olivenöl*
17. *Vollkornbrot mit fettem Käse und Eiweißlingen, Oliven*
18. *Vollkornbrot mit Wurst und Eiweißlingen, Tomatensalat mit Olivenöl*

Zubereitungstipps für Soßen:

Anstatt Sahne eignet sich hervorragend: Buttermilch oder Sojasahne aus dem Bioladen. Sojasahne hat eine dicke Konsistenz, macht sämige, dicke Soßen, Buttermilch etwas dünnere. Auch kann man sehr gut mit Joghurt oder Quark kochen. Alles ist sehr fettarm. Am besten ganz zum Schluss z.B. unter das Gemüse rühren – nicht mehr mitkochen.

Ein persönlicher Tipp zu Magerquark: Dieser ist an sich sehr trocken und deshalb nicht sehr beliebt. Trick: mit Mineralwasser oder Joghurt verrühren. Oder gleich im Supermarkt den mit Joghurt sahnig gerührten kaufen. Schmeckt, als wenn er vollfett wäre – ist er aber nicht.

Hüttenkäse- und Quarkvarianten: Die Variationsmöglichkeiten mit Hüttenkäse und Quark sind nahezu unbegrenzt. Probieren und finden Sie Ihre Lieblingsvariante, damit es nicht langweilig wird.

1. *frische oder gefrorene Kräuter, etwas Balsamico, Salz, Pfeffer – der Klassiker*
2. *Rucola, Tomaten und Olivenöl*
3. *Frühlingszwiebeln, Paprikapulver, Rapsöl*
4. *geraspeltem Apfel, Zitronensaft, Honig*
6. *Avocado und Knoblauch*
7. *Kresse und Olivenöl*
8. *als Tzatziki mit Knoblauch und geraspelter Gurke*

Tipps für Nudelgerichte: Niemand möchte auf Nudeln verzichten – auf jeden Fall niemand, den ich kenne. Deshalb ist es wichtig, wenn Sie Ihre Lieblingsnudelvariante behalten wollen, dass Sie die Nudelportion etwas verkleinern und dafür etwas anderes dazu essen. Entweder Eiweißlinge oder:

1. *Nudeln mit Tomatensoße, dazu ein Salat mit Thunfisch, oder Thunfisch in die Soße.*
2. *Nudeln mit Pesto. Verfeinern Sie das Pesto mit Tofu, den Sie mit der Gabel zerdrücken.*
3. *Nudeln mit Gemüsesoße. Quark zum Schluss unterheben, oder als Nachspeise ein fettarmer Quark.*
4. *Spaghetti agli – olio. Thunfischsalat dazu*
5. *Spaghetti mit grüner Tofusoße. Tofu zerdrücken, mit gehackten Kräutern mischen, mit Olivenöl andünsten*

Soßenvorschläge

* Buttermilch-Wein-Zwiebel-Soße

1. *Zwiebeln in Olivenöl glasig dünsten, salzen, pfeffern*
2. *Kräuter nach Belieben und Geschmack hinzufügen*
3. *mit Wein ablöschen*
4. *vom Herd nehmen und mit Buttermilch aufgießen.*

**Rote oder gelbe Linsen eignen sich hervorragend als gutes Kohlenhydrat. Linsen in Wasser mit etwas Kreuzkümmel und Salz kochen, durch ein engmaschiges Sieb abgießen und zurück in den Topf. Zwischen Deckel und Topf 2 Lagen Küchenpapier legen und den Linsenbrei (indisch: Dal) 15 Minuten ruhen lassen.

***Buttermilch-Dill-Soße

1. *Zwiebeln und Knoblauch in Olivenöl dünsten, salzen, pfeffern, viel Dill*
2. *mit Weißwein ablöschen*
3. *Buttermilch auffüllen*

Oder Buttermilch-Senf-Soße. Wie oben nur ohne Dill, dafür Senf.

****Kapern-Senf-Soße

Die Grundsoße ist immer gleich: Zwiebeln, Knoblauch, Chilis in Olivenöl anbraten, dann mit Wein ablöschen und dann nach Geschmack und Laune weiter würzen. Hier noch mit Kapern und Senf verfeinern. Diese Grundsoße kann man variieren und verschiedene Richtungen ausprobieren. Sie ist immer fettarm und lecker.. Ausprobieren.

***** Kichererbsenmuß

1. Kichererbsen über Nacht einweichen
2. Kochen nach Anleitung, salzen
3. mit Sojasahne oder Milch pürieren

Püreevarianten:

Dieses Püree lässt sich aus vielen Gemüsesorten herstellen, wie Karotten, Erbsen, Linsen je nach Geschmack. Diese Varianten ersetzen Kartoffelpüree.

6. Unterschiede – jeder Organismus reagiert anders

- Nicht jeder reagiert hormonell gleich
- Immunsystem, Allergien
- Nahrungsmittelunverträglichkeiten
- Bewegung
- Stress
- Schmerzen und chronische Schmerzen
- Hinweise bei der Umstellung der Nahrung

Nicht jeder reagiert hormonell gleich.

Nicht jeder reagiert auf gleiche Nahrung mit gleichen hormonellen Reaktionen. Sie alle kennen die Menschen, die alles in sich reinstopfen, schlank und fit sind und nur ungläubig schauen und mild lächeln, wenn man selber auf den Nachtisch verzichtet oder lieber etwas Leichtes isst.

Typ 1: Diese Menschen sind von ihren Genen geküsst – und haben es leicht. Diese Menschen reagieren selbst auf eine große Menge Kohlenhydrate noch mit einer kleinen Insulinreaktion. Das ist wirklich nur den Genen zuzuschreiben und das hat man oder nicht. Und wir, die nicht mit solch tollen Genen ausgestattet wurden, könnten vor Neid platzen. In so einer Situation ist es nur zutiefst menschlich, auch mal echt neidisch zu sein. Finde ich.

20 % der Bevölkerung befindet sich in diesem genetisch bedingten Idealzustand. Keine nennenswerte Insulinreaktion auf Kohlenhydrate, daher auch keine Gewichtsprobleme, weniger deutlich spürbare Gesundheitsprobleme. Trotzdem ist es auch für diese Menschen wichtig, auf eine ausgewogene Ernährung zu achten, denn die Veränderung von Blutwerten merkt man nicht sofort und irgendwann kommt dann das schlechte Ergebnis.

Typ 2: Diese Menschen haben es nur mittelschwer. Dann gibt es die, die in der Mitte liegen, also die mit einer leichten Erhöhung von Insulin auf Kohlenhydrate reagieren. Die haben es auch nur mittelschwer, ihr Gewicht zu halten, und sie haben auch nicht dauernd irgendwelche Beschwerden. Bei ihnen kommt es zu leicht erhöhter Insulinausschüttung auf schlechte Kohlehydrate. Mäßige Gewichtsprobleme, leicht schwankende Gesundheit, immer mal wieder unerklärbare Körper- und Geisteszustände, die dann auch wieder verschwinden. Gehen ab und zu mal zum Arzt wegen kleiner Zipperlein.

Typ 3: Diese Menschen haben es schwer. So, und dann kommen die „ganz Armen“: Die brauchen nur ein Baguette zu sehen, schon bekommt die Bauchspeicheldrüse das Signal: Zucker – und los geht’s, Insulin wird ausgeschüttet. Ist etwas übertrieben, denn rein muss das Baguette schon, aber dann passiert es wirklich mit dem Insulin. Diese Menschen haben es sehr schwer, ihr Gewicht zu halten, und klagen fast dauernd über irgendwelche Beschwerden.

Sie haben eine völlig überhöhte Insulinausschüttung auf schlechte Kohlenhydrate. Dauernd Gewichtsprobleme, stark schwankende Gesundheit, ständig wechselnde körperliche und geistige Beschwerden, die ohne auffindbare Ursachen sind. Daraus resultiert häufiger Arbeitsausfall, sie sind Stammgast bei Heilpraktikern, Psychotherapeuten und Bioläden. Doch auch bei größtem Bemühen mit Homöopathie, Biofood und anderem wird oft kein Erfolg erzielt. Weil man die Wirkung von Insulin auf die Gesundheit, siehe Kapitel Insulin, nicht erkennt und die Ernährung nicht so umstellt, dass eine Insulinkontrolle erreicht wird. Diese Menschen müssen ihr Leben lang auf eine ausgewogene Ernährung achten, das heißt, sie brauchen eine Ernährung nach den Kriterien von Harmonja, um eine Insulinkontrolle zu erreichen.

Typ 4: Diese Menschen haben sich durch Diäten dick gehungert – ohne es zu wissen. Die Diätgeplagten. Das sind dann die „ganz, ganz Armen“: Sie müssen quasi nur an einer Konditorei vorbeigehen und ins Schaufenster schielen und werden schon davon dick. Auch wenn das übertrieben ist, aber diese Menschen nehmen von einem Stück Kuchen absolut unadäquat zu. Was ist da passiert? Durch jahrelanges diäten, wieder zunehmen, wieder diäten, haben sich die Menschen, meistens Frauen, ihren Grundumsatz so heruntergehungert, dass sie bei einem Verzehr von z.B. 200 Kalorien schon zunehmen. Da aber niemand auf Dauer von 200 Kalorien leben kann, essen sie natürlich mehr. Das ist dann der Jo-Jo-Effekt.

Sie haben sich dick gehungert! Es gibt sie wirklich: die Übergewichtigen, die sagen: „ich esse nicht viel“ – und keiner glaubt ihnen. Dabei stimmt es zu dem Zeitpunkt. Sie nehmen schon von den kleinsten Mengen zu.

Was ist der berühmte Jo-Jo-Effekt? Stellen Sie sich vor: Sie essen jeden Tag 2000 Kalorien und verbrauchen diese auch. Das ist der Grundumsatz. Das heißt: Sie nehmen nicht zu und nicht ab. Fein. So, jetzt beschließen Sie, oft am Sonntagabend: Ab Montag nehme ich 5 kg ab und esse nur noch 1000 Kalorien. Gesagt, getan, am Montag wird gehungert, am Dienstag auch und auch am Mittwoch. Mittwochabend registriert der Körper dann: Hopsa, was ist denn hier los? Ist Hungersnot? Gibt’s nichts mehr? In der Not ist der Körper ganz schlau und schraubt seinen Grundumsatz runter auf 1000 Kalorien. Um dies zu registrieren, braucht der Körper etwa drei Tage. Das heißt: Wenn Sie mal zwei Tage „fasten“, verderben Sie sich nicht Ihren Grundumsatz.

Weiter geht’s. Sie hungern tapfer weiter, und, juhu, nach 3–5 Wochen sind die 5 Kilo runter. Hurra, jetzt eine Feier, denn ich war ja sooo tapfer. Gesagt, getan – feiern und ab dem nächsten Tag wieder so essen wie vor 3–5 Wochen, denn das kann ja nicht so falsch gewesen sein, da hab ich ja auch nicht dauernd zugenommen. Doch leider falsch gedacht, denn: Der Körper jubelt, vorbei sind die Magerzeiten von 1000 Kalorien, jetzt kommen wieder 2000 Kalorien. Doch was passiert: Der Grundumsatz befindet sich auf einem Niveau von 1000 Kalorien und bekommt 2000. Das heißt doch, da sind entschieden 1000 übrig. Juhu, und die lagere ich mir gleich in die Fettzellen, damit ich bei der nächsten Hungersnot wieder was habe, sagt sich der Körper und tut es auch. Das ist er, der Jo-Jo-Effekt.

Der Jo-Jo-Effekt ist zu umgehen, indem man, während man Kalorien spart, sich eine Stunde am Tag so bewegt, dass man schwitzt.
Also somit seinen Grundumsatz hoch hält.

Mit Harmonja müssen Sie keine Kalorien mehr zählen. Da mit der Ernährung im hormonellen Gleichgewicht kein Kalorienzählen mehr nötig ist, weil Sie Ihre Ernährung so umstellen, dass Sie die Hormone, die Sie schlank werden und schlank bleiben lassen, selbst produzieren, kommt es dann auch zu keinem Jo-Jo-Effekt mehr, denn Sie müssen, ja, Sie dürfen nie wieder hungern. Das ist doch was. Oder?

Die Menschen zu erreichen, die sich dem so genannten Typ 3 und 4 zuordnen können, liegt mir ganz besonders am Herzen, denn die meisten Menschen die in meine Praxis kommen, sind diesen Typen zuzuordnen. Viele davon haben schon die abenteuerlichsten Diagnosen gehört, haben unheimlich viel Geld für ihre „Gesundheit" ausgegeben und tappen immer noch im Dunkeln. Die Ursachen dafür, dass jemand mit einer verstärkten Insulinausschüttung reagiert, sind in mehreren Bereichen zu finden:

Ursachen der verschiedenen Insulinreaktionen

1. *Genetisch.*
2. *Sehr nervöse Menschen und solche, die sich dauerhaft großem Stress aussetzen. Siehe Kapitel Stress.*
3. *Bewegungsmangel.*
4. *Traumatisierte Menschen. Das heißt: Menschen, denen ein großer Schock, Unfall, Gewalttat, Missbrauch oder anderes widerfahren ist. Man ist nicht automatisch traumatisiert, wenn einem etwas Schlimmes widerfährt. Es ist dann der Fall, wenn die Todesangstenergie, die sich in dem Moment des Geschehens im Nervensystem befindet, nicht entweichen kann.*

Was ist ein Trauma?

Beispiel: Sie stehen vor einem Hund, der im Begriff ist, Sie zu beißen. Sie haben Todesangst und Ihr Nervensystem ist zum Zerreißen gespannt. Sie produzieren Stresshormone bis zum Bersten. Sie entwickeln in diesem Moment Strategien zur Lösung. Wenn es sinnvoll ist und die Möglichkeit besteht, rennen Sie weg, wenn nicht, erstarren Sie und werden gebissen.

Nicht immer hat man die Möglichkeit, sich die Lösung auszusuchen und es passiert. Sind Sie erfolgreich weggerannt, hat sich die gestaute Energie für das Rennen verbraucht und Sie haben kein Trauma, keine Traumaenergien, die sich in Ihr Nervensystem einbetten. Sie haben in Zukunft vielleicht Angst vor Hunden, das ist aber noch lange kein Trauma.

Sind Sie aber erstarrt, weil Flucht nicht möglich war, bleibt die Todesangstenergie quasi im Nervensystem stecken und hinterlässt ein so genanntes Trauma. Ihr Nervensystem und Ihr Hormonsystem sind dann nicht mehr das, was sie vorher waren. Sollten Sie sich angesprochen fühlen, empfehle ich Ihnen das Buch von Peter A. Levine: Traumaheilung – Erwachen des Tigers. ISBN: 3-922026-91-5.

Zurück zur Insulinausschüttung:

Das heißt, Menschen, die ein Trauma erlitten haben, haben eine Störung des Hormongleichgewichts, denn dieses Gleichgewicht wird bei einem Traumaerleben stark beeinträchtigt.

Zusammenfassung:

Menschen vom Typ 1 und Typ 2 sollten auf ihre Ernährung achten, um nicht zu erkranken und sich leistungsfähig und wohl zu fühlen.

Menschen vom Typ 3 und 4 sollten sich genau an die Ernährung im hormonellen Gleichgewicht halten, um eine Lebensqualität zu erreichen, die das Leben noch lebenswerter macht.

Denn es macht uns Menschen unsicher und manchmal auch depressiv und verrückt, wenn wir Körper- und/oder Geisteszustände haben, die wir uns nicht erklären können. Mit einer Ernährung im hormonellen Gleichgewicht werden viele dieser scheinbar unerklärlichen Zustände erklärbar, verschwinden oder werden gemildert. Sonstige Sorgen oder Probleme kann die Ernährung nicht ändern, aber sie kann helfen, leichter durch Nöte durchzukommen, denn sie stärkt die Nerven und macht geistig und körperlich leistungsfähiger und robuster.

Immunsystem

Die Zahl derjenigen, die unter einer Lebensmittelallergie leiden, wird immer größer. Bei Kindern ist es schon fast an der Tagesordnung, dass die Mutter sagt: Nein, kein Weizen bitte, kein Ei, keine Milch. Was ist da los? Durch unsere Umwelteinflüsse, unsere denaturierte Nahrung macht das Immunsystem schlapp, da unsere Darmschleimhaut „löchrig“ wird. Mehr dazu gleich. Oft ist es aber auch so, dass eine Allergie gar keine wirkliche Allergie ist, sondern eine Unverträglichkeit. Es besteht ein großer Unterschied zwischen Allergie und Unverträglichkeit.

Allergie

Bei einer Allergie kommt der Körper wirklich akut und sehr schnell in eine große Not, etwa Anschwellen der Schleimhäute mit folgender Atemnot, Flecken auf der Haut oder schlimmes Halskratzen. Das ist dann eine Allergie, und der Stoff muss herausgefunden und dann gemieden werden, bis es erfolgreich behandelt wurde, z.B. mit Bioresonanz oder anderen alternativen Heilmethoden. Oft bleibt es aber bei einer allergischen Reaktion – dann heißt es, Verzicht auf das Lebensmittel und vor allem eine genaue Forschung darüber, in welchen Lebensmitteln dieser Stoff noch versteckt vorkommen könnte. Fragen Sie hierzu Ihren Arzt oder Heilpraktiker.

Das Schlimme an einer Allergie ist, dass in manchen Lebensmitteln Spuren von allergieauslösenden Stoffen sein können, ohne dass es auf dem Etikett steht. Bei einer Allergie gegen Erdnüsse wäre das unter extremen Umständen tödlich. Also ist ein Verzicht auf alle Fertigprodukte fast zwingend, wenn es sich um eine Weizen-, Ei- oder Fischallergie handelt, denn wer ahnt schon, dass in einem Diätkeks Auszüge aus Fischmehl zu finden sein können. Auf der Packung steht davon nichts.

Unverträglichkeit

Bei einer Unverträglichkeit handelt es sich um eine Immunschwäche, die im Darm zu suchen ist. Unser Darm stellt 90 % des Immunsystems dar, das heißt, es ist von großer Bedeutung, wie gut oder schlecht unsere Darmschleimhaut beschaffen ist. Es ist bekannt, dass Antibiotika unserer Schleimhaut schaden, indem gute Bakterien abgetötet werden, die von großer Wichtigkeit für das Funktionieren unserer Abwehr sind. Aber auch Stress, denaturierte Nahrung und eine unausgewogene Ernährung, viel Zucker, zerren an unserer Schleimhaut.

Neben Antibiotika, Alkohol, weißem Mehl und Stress ist Zucker der Hauptfeind der Darmschleimhaut, da er das Wachstum schlechter Bakterien und von Pilzen fördert. Zucker ist für sie der beste Nährboden, und sie können sich munter vermehren und so die Schleimhaut angreifen.

Wie sieht die Darmschleimhaut aus? Die Schleimhaut sieht aus wie ein Netz, hat ganz kleine, feine Löcher, durch die die ankommenden, zerlegten Nahrungsmoleküle diffundieren, um dann in den Blutkreislauf zu gelangen. So ist das gedacht und wäre perfekt. Das ist ein guter Stoffwechsel. Leider ist dies nicht der Fall, denn eine Schleimhaut, an der viel rumgezerrt wird (kaum einer macht sich viele Gedanken, wenn er Antibiotika nimmt, oder baut danach mit guten Bakterien seine Schleimhaut wieder auf) reagiert, indem die Löcher größer werden. Sie wird quasi von den Pilzen oder schlechten Bakterien angeknabbert. Das hat zur Folge, dass größere Nahrungsmoleküle durch die Schleimhaut in den Blutkreislauf gelangen, die eigentlich nicht dafür vorgesehen sind.

Beispiel Milch: Durch das Homogenisieren und Pasteurisieren der Milch werden die Milchmoleküle auf ein Drittel ihrer Ursprungsgröße „zerschossen". Das bedeutet, wenn diese kleinen Milchmoleküle auf eine geschädigte Schleimhaut treffen, passieren sie diese und gelangen in den Blutkreislauf. Da gehören sie aber absolut nicht hin, und der Körper reagiert. Nicht so merklich wie bei einer Allergie, sondern diffus mit Unpässlichkeiten wie Übelkeit, Kopfschmerzen oder anderen störenden, unerklärlichen Dingen. Das gilt nicht nur für Milch, sondern für alles, was nicht ins Blut gehört und nur dahinkommt, weil die Schleimhaut geschädigt ist. Das ist dann eine Unverträglichkeit, und die nimmt zu, da immer mehr Menschen eine geschädigte Darmschleimhaut und eine schlechte Darmflora haben.

Welche Kriterien gibt es für eine gute oder schlechte Darmschleimhaut? Ist meine Darmflora schlecht:

- *Haben Sie Durchfall oder Verstopfung?*
- *Sind Sie infektanfällig?*
- *„Vertragen" Sie manche Lebensmittel nicht oder nur manchmal?*
- *Haben Sie wechselnde Probleme wie: Übelkeit, Kopfschmerzen, Mattigkeit, Hautprobleme, chronische Entzündungen, Osteoporose, Allergien?*
- *Haben Sie in den letzten Jahren Antibiotika genommen?*
- *Haben Sie danach keine Darmsanierung vorgenommen?*

Können Sie diese Fragen zum Teil oder ganz bejahen, rate ich Ihnen zum Arzt zu gehen, denn Sie können sich noch so gut ernähren, wenn der Darm nicht mitmacht, bringt die beste Nahrung nichts.

Beispiel Marmeladenglas. Sie können sich das so vorstellen: Sie haben ein Marmeladenglas, in dem unten noch ein ganz kleiner Rest ist, der aber schimmelt. Sie füllen jetzt ganz frische Früchte oben drauf. Was passiert? Alles zusammen, auch die frischen, guten Früchte fangen an zu schimmeln.
So ist das mit dem Darm auch zu sehen. Die Darmschleimhaut muss in einem guten Zustand sein, dann ist gewährleistet, dass auch nur das die Schleimhaut passiert, was da auch durch soll, damit der Körper nicht mit Molekülen belastet wird, mit denen er nichts anfangen kann oder gegen die er ankämpfen muss.

Der Heilpraktiker Uwe Karstätt empfiehlt: Nature Biotics zu Darmsanierung und -aufbau. In den vielen Jahren seiner Tätigkeit hat sich ein Mittel zur Darmsanierung besonders bewährt. Es hält auch wirklich das, was es verspricht. Nature Biotics. Es baut gute Bakterien auf, schlechte ab und regeneriert die Schleimhaut. Auch dieses Produkt kommt aus den USA und ist ein Nahrungsergänzungsmittel, kein Medikament. Wenn Sie nach Lesen dieses Kapitels das Gefühl haben, Ihre Schleimhaut braucht Hilfe, dann können Sie dieses Produkt auch ohne vorherige Stuhluntersuchung einnehmen. Anzuraten ist es all denjenigen, die Antibiotika genommen haben. Bezugsadresse entnehmen Sie bitte dem Anhang. Weitere Hilfen für die Schleimhaut:

- *Naturjoghurt aus dem Bioladen (mit Bifidum und Acidophilus)*
  milchsauervergorene Produkte wie Sauerkraut
- *Ernährung nach Harmonja*
- *Bewegung, um die Durchblutung zu fördern.*

Zusammenfassung:

Ist die Schleimhaut saniert, die Darmflora im gesunden Verhältnis von guten und schlechten Bakterien, sind die Pilze (Candida) verbannt, verschwinden auch die Unverträglichkeiten von Lebensmitteln. Auch bei diagnostizierten Allergien kann sich eine deutliche Besserung des Allgemeinbefindens einstellen.

Wichtig:

Der Sinn dieses Buches ist es nicht, Sie medizinisch so bewandert zu machen, dass Sie nach Lesen dieses Buches genau wissen, was das Immunsystem ist, und wie es genau funktioniert. Da wäre viel mehr Raum und Zeit nötig. Ich möchte Sie dahingehend informieren, dass Sie einen Zusammenhang herstellen können zwischen: Darm, Nahrung/Lebensweise und Gesundheit. Bei detaillierten Fragen wenden Sie sich bitte an den Arzt oder Heilpraktiker Ihres Vertrauens.

Bewegung

Bewegung ist Leben. Alles, was lebt, bewegt sich. Trotz Lightprodukten, Ernährungsratschlägen noch und nöcher, Diätenwahn und Fastenkuren – die Deutschen werden immer dicker!

Die Krankenkassen zahlen jedes Jahr 100 Milliarden für ernährungsbedingte Krankheiten. 44 Millionen Deutsche haben Übergewicht, 15,6 Millionen haben 30 und mehr krankhafte Kilo zu viel. Quelle: Dr. Ulrich Strunz, Die Diät. Übergewicht von Kindern ist schon fast normal, Altersdiabetes heißt bald Kinderdiabetes, denn 8- bis 15-Jährige leiden schon an der Zuckerkrankheit.

Was ist da los?

Wir sitzen – im Auto, in der Bahn, im Sessel, im Bürostuhl, im Speck. Wir nehmen den Aufzug, die Rolltreppe, und oft bleiben wir einfach sitzen und nehmen nichts von allem. Doch das hat Folgen, denn: Was macht uns krank und dick? Das ist unser träges Körperfett, das nichts anderes will als sich auszuruhen, uns unser Blut und Sauerstoff zu rauben, damit wir uns langsam an diesen Zustand gewöhnen, bis es für uns normal ist. So fühlen wir uns halt. Wir kennen es nicht mehr anders. Es kann zur Gewohnheit werden, sich schlecht zu fühlen.

Erst wenn Sie sich aufraffen und es mal ausprobieren, wie sich das anfühlt – zu laufen, zu joggen, dann plötzlich merken Sie: Wahnsinn, so kann ich mich fühlen: leicht, beschwingt, zuversichtlich, mutig, tatkräftig – einfach kräftig, durchblutet und gesund. Sie können sich durch Bewegung Ihre Schlank-und-glücklich-Hormone selbst produzieren, dafür brauchen Sie keinen Arzt, keine Pillen und keine Spritzen. Wer Sport treibt, hat einen niedrigeren Cortisolspiegel und ist daher weniger anfällig für Stress.

Also bewegen Sie sich, und viele Ihrer kleinen Zipperlein werden sich in Luft auflösen.

Jeder kann sich bewegen. Jeder in seinem Maß. Ob leichtes Walken, Joggen, Übungen mit Hanteln oder Ähnliches. Sie können etwas dafür tun, dass Ihre Muskeln, die Fettverbrennungsanlagen, Ihr träges Fett einfach wegschmelzen.

Beim Fett spreche ich nicht nur von übergewichtigen Menschen, denn es gibt viele Dünne, die trotzdem zu viel Fett haben. Wer wissen will, ob er im Normbereich seines Gewichts liegt, kann den Body-Mass-Index benutzen:

BMI = Gewicht in Kilogramm geteilt durch (Körpergröße in Metern)2
Bei 70 kg Körpergewicht und einer Größe von 1,73:

$$\frac{70}{1{,}73 \times 1{,}73} = \frac{70}{3} = 23 \text{ BMI}$$

Laut WHO:

unter 18 = Untergewicht
18,5–24,9 = Normalgewicht
25–29,9 = Übergewicht
30–34,9 = Fettleibigkeit
35–39,9 = schwere Fettleibigkeit.

Wichtig für Eltern: Fettzellen werden im Kindesalter angelegt, d.h. wie viele Fettzellen Ihr Kind auf den Lebensweg mitbekommt, hat zwei Ursachen: Gene und Ernährung. Wenn Kinder von klein auf mit Apfelschorle, Süßigkeiten, Brezeln und dergleichen versorgt werden, wachsen der Insulinspiegel und die Anzahl der Fettzellen, denn die restlichen Kohlenhydrate müssen ja irgendwo hin. Es sei noch mal gesagt:
Überschüssige Kohlenhydrate enden als überschüssiges Fett!
Noch mal zur Erinnerung: Was macht dick?

Tierische Fette
Zucker
Zucker in Form schlechter Kohlenhydrate und nicht nur von Limos
Alkohol
Bewegungsmangel
Hungern

Was macht schlank?

Regelmäßig die richtigen Lebensmittel essen
Genügend gutes Eiweiß
Gute Kohlenhydrate wie Gemüse, Obst
Bewegung – lockt die Produktion der Schlankhormone
Testosteron und Wachstumshormon
Positive Gedanken
Liebe
Lachen

Wichtig für richtiges Training. Die Voraussetzung, damit Sie richtig trainieren können ist, dass Sie genügend Eiweiß zu sich nehmen, also über genügend Aminosäuren verfügen und genügend Wasser trinken.

Zum Joggen sei gesagt: Laufen Sie im falschem Pulsbereich, haben Sie keinen Verbrennungseffekt. Deshalb gibt es so viele Menschen, die seit Jahren laufen und dabei kein Gramm Fett verlieren. Psychisch geht es den

„Falschjoggern“ trotzdem besser, denn auch falsches Joggen erzeugt gute Hormone, verbrennt nur leider kein Fett. Wenn Sie starkes Übergewicht haben, walken Sie bitte, das belastet die Gelenke nicht so sehr. Sie können ja später das Joggen anfangen.

Richtiges Joggen mit Pulsband. Heißt: am Grenzpuls laufen. Nicht darüber, denn da verbrennen Sie Kohlenhydrate. Nicht viel darunter, denn dann verbrennen Sie kein Fett. Der Kölner Sportwissenschaftler Dr. Dieter Lagerstrom hat 1977 dafür eine Formel entwickelt:
RHF = Ruhepuls
LA = Lebensalter
X = Trainingszustand
X Untrainiert = 0,6
X Mitteltrainiert = 0,65
X Trainingserfahren = 0,7
Formel: Trainingsfrequenz = RHF + (220 minus 3/4 LA minus RHF) x X.

Anfänger laufen 10 Schläge unter dem Grenzpuls. Nach 4–6 Wochen langsam an Grenzpuls rantasten. Beachten Sie, dass sich Ihr Ruhepuls mit steigendem Trainingseffekt verändert, das heißt: regelmäßig nachmessen.

Wer nicht joggen will – kann effektiv spazieren gehen. Vielleicht kann ich nicht alle Menschen dazu motivieren, Läufer zu werden, deshalb hier noch einen Tipp fürs Spazierengehen. Machen Sie 100–120 Schritte in der Minute, und Sie erzielen ein gutes Herz-Kreislauf-Training und Fettverbrennung. Dieses Tempo ist angenehm, und Sie fühlen sich danach frisch.

Anders als beim Einkaufsbummel, nachdem man völlig kaputt ist. Der Grund dafür ist das extrem langsame Gehen, dass den Puls runterfährt und dadurch die Durchblutung in den Organen, Gelenken und vor allem auch den kleinen Bandscheibenmuskeln stark beeinträchtigt. Deshalb klagen viele Menschen nach langsamen Spaziergängen, Einkaufsbummeln oder Ähnlichem über Rückenschmerzen.

Dies ist zu umgehen, indem Sie 100–120 Schritte die Minute als Tempo wählen oder beim Bummeln einfach zwischendrin mal schnell gehen. Bewegen Sie sich! Bewegen Sie Ihre Hormone und Zellen in Richtung Glück, Schlankheit und Gesundheit.

Zusammenfasssung:

Achten Sie täglich darauf, sich bewusst zu bewegen. Gehen Sie in der Mittagspause spazieren, lassen Sie mal das Auto stehen, umgehen Sie Rolltreppen, Fahrstühle. Geben Sie Ihren Muskeln die Chance, ihre Arbeit zu machen, nämlich Energie zu verbrauchen und Fett zu verbrennen. Wenn Sie sich bewegen, wird in vielen Fällen der Gang zum Arzt überflüssig, und Sie sind unabhängiger.

Stress

Eigentlich ist es in der heutigen Zeit für viele Luxus, sich zwischendrin mal eine Ruhepause von der alltäglichen Hetzerei zu gönnen. Das Motto für die, die Arbeit haben, ist: schneller, höher, weiter. Wer keine hat, befindet sich genauso im Dauerstress, denn Sorgen, Existenzangst und Gefühle des Versagens machen auch Stress.Wo man hinschaut: Stress.

Was ist Stress: Es gibt den positiven Stress, genannt Eustress, ausgelöst z.B. durch Verliebtheit, Erfolg oder andere positive Erlebnisse, die uns in die Lage versetzen, Topleistungen zu vollbringen, uns zu Begeisterung, Kraft, Motivation und Energie verhilft. Dann gibt es den leider weit verbreiteten negativen Stress, genannt Distress, der uns lähmt und auf Dauer krank macht.

Was passiert genau bei Distress? Auslöser sind berufliche oder private Überbelastungen, die den Körper in eine Stresssituation versetzen. Aber auch Genussmittel, wie Kaffee, Tee, Süßigkeiten, Cola, Softdrinks, Alkohol und Drogen lösen Stressreaktionen aus.

Der Körper wird in einen Zustand höchster körperlicher, geistiger und emotionaler Alarmbereitschaft versetzt. Wir wittern Gefahr, und es passiert das Gleiche wie bei den Menschen in der Steinzeit. Dort war das überlebenswichtig, denn da hieß es, Flucht oder Kampf. Bei uns ist das heute etwas anders, denn die Auslöser sind nicht mehr wilde Tiere, sondern Menschen und Situationen mit Anliegen, die uns überfordern, oder Genussmittel, die uns aus dem hormonellen Gleichgewicht bringen und daher Stress erzeugen.

Da wir, wenn uns die Stresshormone überfluten, oft nicht adäquat reagieren können, indem wir dem Stressverursacher eine auf die Mütze hauen oder einfach schnell wegrennen und somit die Stressenergie loswerden, bleibt diese negative Energie bei uns, lähmt und macht uns krank. Denn wir sind ja gut erzogen und leben einfach nicht mehr in der Steinzeit. Manchmal schade.

Also heißt die Devise:

1. Machen Sie ganz bewusste Pausen. Erlernen Sie Entspannungstechniken oder lassen Sie sich entspannen. Hier ein persönlicher Tipp für Erholungssuchende: Wassershiatsu, eine Stunde der völligen Entspannung im Wasser. Mehr dazu können Sie unter www.aquamunda.de erfahren.

2. Prüfen Sie Ihren Alltag auf Stresssituationen und versuchen Sie ganz bewusst, diese zu verändern oder zu umgehen. Es braucht dazu ein Stressbewusstsein und guten Willen. Das kann jeder.

3. Prüfen Sie den Nutzen der Situationen, die Sie in Stress bringen, und vergleichen Sie dann den gesundheitlichen Preis, den Sie dafür zahlen. Das rechnet sich nie, denn die meisten Stresssituationen sind unnötig wie ein Kropf.

Es macht Spaß und weckt den Ehrgeiz, täglich kleine Siege zu erringen, indem man cool bleibt in Situationen, die einen gestern noch auf die Palme gebracht haben. Z.B. wenn mal wieder nur Sie ordentlich Auto fahren können und sonst niemand. Bedenken Sie vielleicht auch mal, dass derjenige, der da gerade wieder soo einen Stiefel zusammenfährt, vielleicht total neben sich steht, weil er große Sorgen oder einfach nur das Falsche gefrühstückt hat. Vielleicht können Sie ihm, anstatt ihn anzubrüllen einfach zulächeln und ganz entspannt weiterfahren. Denn sind wir doch mal ehrlich: Es bringt absolut nichts, wenn man sich über andere ärgert, das verändert die Situation in keiner Weise.

4. Der absolute Garant für Stressabbau ist: Bewegung. Bei körperlicher Bewegung durch Laufen oder leichtes Muskeltraining verringern Sie die Menge an Stresshormonen und produzieren Schlank-und-glücklich-Hormone.

Doch was passiert hormonell?

Der Körper schüttet vermehrt Stresshormone aus, wie Cortisol, Adrenalin und Glukokortikoide. Die Wirkung dieser Hormone ist für den Körper auf allen Ebenen gesundheitsschädlich. Sie bewirken allesamt:

1. *Verengung der Blutgefäße; so erhöht sich wegen der Überbelastung der Gefäße das Risiko für Herzinfarkt und Schlaganfall. Die Konzentrationsfähigkeit lässt stark nach, denn das Gehirn wird nicht mehr auseichend mit Sauerstoff versorgt*
2. *Erhöhung des Blutzuckerspiegels, was wiederum eine Erhöhung des Insulinspiegels mit allen seinen negativen Folgen bewirkt*
3. *Herabsetzung der Reaktionsfähigkeit des Abwehrsystems*
4. *erhebliche Störung des Immunsystems, was zu diversen Krankheiten führen kann wie: Herz-, Magen-, Darm- und Nervenerkrankungen*
5. *Störung des hormonellen Gleichgewichts auf allen Körperebenen*

Stress macht dick und ... auf jeden Fall nicht schlauer!

- *Das Stresshormon Cortisol regt den Appetit an und lässt Zellen die, dem Kurzzeitgedächtnis unterliegen, absterben.*
- *Die Stresshormone verhindern die Bildung der Hormone, die schlank und glücklich machen.*
- *Cortisol erhöht den Insulinspiegel, Insulin macht dick.*

Bewusst mit Stress umgehen. Stress kann man ganz bewusst angehen. Auch Sie sollten dies tun, für ein friedliches Miteinander und für Ihre Gesundheit. Es gibt spezielle Praktiken, wie Sie Entspannung richtig lernen können. Nutzen Sie das vielfältige Angebot in verschiedenen Praxen oder Kursen mit verschiedenen Techniken. Denn Stress ist eine absolute Entscheidungssache. Wie Sie mit sich und Ihrem Leben umgehen. 90 % der Situationen, die Ihnen Stress bereiten, kann man abstellen, indem man sich einfach gelassen der Situation stellt. Überprüfen Sie das bitte. Gutes Buch dazu: ‚Simplify your life' von Werner Küstenmacher. Dort können Sie lesen, was uns außer Stress noch belastet.

Zusammenfassung:

Stress macht dick und krank und kann mit Bewusstsein und Bewegung verhindert oder abgebaut werden. Wichtig ist, dass die Stresssituationen auch als solche erkannt werden. Gehen Sie liebevoll mit sich um, Sie haben es verdient.

Schmerzen und chronische Schmerzen

Unser Wohlbefinden und unsere Gesundheit sind davon abhängig, wie gut unsere Zellen arbeiten. Das heißt, wie gut unsere Zellen mit Sauerstoff und Nährstoffen versorgt sind und in Kommunikation untereinander stehen. Die Kommunikation findet nur dann statt, wenn genug gute Hormone gebildet werden, die diese Aufgabe auch erfüllen können. Das sind die Eicosanoide, die Gewebshormone, die entscheiden, ob das Gewebe gut oder schlecht versorgt ist, das heißt, es ist davon abhängig, ob gute oder schlechte Eicos gebildet wurden. Die Bildung der Eicos ist, wie wir gehört haben, fast ausschließlich von der Ernährung, also von Essen und Trinken sowie Bewegung abhängig.

Chronische Schmerzen, die in der Medizin als Syndrom (griechisch: Krankheitsbild) bezeichnet werden, bedeuten nichts anderes als: Wir wissen nicht, was der Patient hat und wie wir es behandeln sollen. Z.B.: Lendenwirbelsyndrom, Magen-Darm-Syndrom, Halswirbelsäulensyndrom usw. Es ist so, dass wir durch die immer besser werdenden bildgebenden Verfahren wie Kernspin, Computertomographie und viele mehr bis auf den kleinsten Riss untersucht werden können. Man ist dann ganz froh, wenn man etwas findet, und präsentiert eine Diagnose wie: Facettensyndrom, Spinalkanalstenose, Carpaltunnelsyndrom, Patellaspitzensyndrom, Chondro-Pathia-Patellae usw.

Was ist da los?

Tatsache ist: Der Patient hat Schmerzen und auch Auffälligkeiten in den gestochen scharfen Bildern. Ich betone „gestochen" deswegen so, weil diese Techniken bei allen Menschen etwas finden, was zu einer Diagnose passen würde. Also wird auch bei Menschen etwas gefunden, die keinerlei Beschwerden haben. Aber wenn jemand eine Verengung des Kanals in der Wirbelsäule hat, bedeutet das nicht, dass er auch Schmerzen haben muss.

Denn der Körper kann sich drumherum mit gut wassergefüllten und nährstoffversorgten Zellen arrangieren und das Defizit ausgleichen.

Warum haben manche Menschen Bandscheibenvorfälle und merken nichts?
Es gibt Menschen, die Bandscheibenvorfälle, aber keinerlei Beschwerden haben. Aber wehe, sie haben dann irgendwann, weil's doch mal gezwickt hat, eine Untersuchung und eine darauffolgende Diagnose, die lautet: Sie haben einen Bandscheibenvorfall und müssen damit leben!!!! Bummm, das schlägt ein und Ihnen geht's danach viel schlechter. Wohlgemerkt, der Bandscheibenvorfall kann alt sein und keinerlei Schmerzen verursacht haben.

Was ist passiert?
Wenn es im Körper zu einer Krise kommt, die durch viele Dinge ausgelöst werden kann, wie Sorgen, Angst, Kummer, Streit, schlechte Nahrungsaufnahme, zu wenig Wasser und dergleichen, bildet der Körper Symptome an der Stelle aus, die sowieso geschädigt ist, vorher aber nicht weh tat.

Das heißt, wenn das Ungleichgewicht behoben ist, dann kommt auch die Schmerzfreiheit wieder zurück, vorausgesetzt, der Betroffene versteht die Zeichen seines Körpers und handelt. In Form von Ernährungsumstellung, Physiotherapie, Psychotherapie oder anderem.

Provokant und wahr: Eine mit Wasser, Sauerstoff und Nährstoffen prall gefüllte Zelle tut nie weh und wird nicht krank! Natürlich ist das nicht so leicht, denn die Faktoren, die da außer Wasser, Nahrung und Bewegung noch wirken und uns aus dem Gleichgewicht bringen, sind nicht zu vernachlässigen: wie Sorgen, Trauer, Streit, Unglück und mehr. Sonst hätten wir schon die unbegrenzte Lebensdauer und ewige Gesundheit und Jugend entdeckt.

Trotzdem ist eine Ernährung im hormonellen Gleichgewicht die wichtigste Stütze für ein gesundes, aktives, glückliches, spannendes Leben, so lange es auch immer vorgesehen sein mag. Durch Harmonja können wir viel unnötiges Leid und Kosten verhindern.

Wir bekommen immer mehr Diagnosen. Jährlich werden immer neuen Befunden, also Diagnosen, Namen gegeben, denn jährlich kommt eine neue Untersuchungstechnik dazu. Dann leiden wir plötzlich an Dingen, die vorher noch keiner kannte. Das sollte uns zu denken geben, denn was ist der Unterschied zwischen den Menschen, die Schmerzen haben, und denen, die keine haben; man würde bei gründlicher Untersuchung bei beiden etwas finden.

Der Unterschied liegt darin, dass die Menschen mit Schmerzen an einer Mangelversorgung leiden von: Sauerstoff, Nährstoffen und guten Gewebshormonen. Also Mangel an Nahrung und Bewegung. Der Körper kann sich auch mit Schäden, die wir alle haben, so organisieren, dass wir schmerzfrei und gesund sind, die Voraussetzung ist: Das alles gut ernährt ist. Das sind dann die Menschen, die trotz Schäden am Bewegungsapparat keine Schmerzen haben. Sie sind gut ernährt und bewegt.

Wassermangel und Schmerzen. Die Zellversorgung ist die Voraussetzung dafür, dass wir trotz Schäden in Bandscheiben, Gelenken, Muskeln schmerzfrei leben können. Die beste Physiotherapie ist chancenlos, wenn die Zellen zu sehr ausgetrocknet sind. Diese Schmerzen bezeichnet man auch als „lokalen Durstschmerz". Dann macht der Therapeut eine sogenannte Symptomverschiebung, das heißt, man transportiert innerhalb einer Behandlung Wasser von einer etwas mehr gefüllten Zelle zu einer ausgetrockneten, was zur Folge hat, dass sich das Problem des Patienten oft bessert, es aber nach einer gewissen Zeit woanders anfängt zu zwicken.

Deshalb ist es wichtig, den Patienten über seinen „Durst" aufzuklären, denn die Behandlung kann letztendlich nur erfolgreich sein, wenn der Patient anfängt, genug zu trinken. Zu einer ausgewogenen Ernährung kann ich ihn nicht zwingen, informiere ihn aber trotzdem und rate ihm zu einer Ernährungsumstellung.

Denn der Erfolg einer Ernährungsumstellung gerade bei chronischen Schmerzen, Kopfschmerzen, Migräne, Bauchschmerzen, Rückenschmerzen, Gelenkentzündungen ist verblüffend.

Eigentlich nicht verblüffend, denn die Erklärung ist relativ einfach. Diese Erkenntnis des Zusammenhangs von Schmerzen und einem Mangel an Nährstoffen und Wasser ersetzt nicht den Besuch beim Arzt, denn ob der Schmerz organische Ursachen hat, kann nur der Arzt beurteilen.

Wirklich chronisch. Beispiel Arthrose. Natürlich gibt es auch solche Schädigungen im Körper, wie eine weit fortgeschrittene Arthrose, die nicht mehr „wegzutrinken" oder durch Ernährung zu beseitigen sind.

Aber auch hier gilt: Ein Gewebe, das drumherum gut ernährt ist, kann etwas von dem Schaden auffangen, wenn die Muskeln optimal arbeiten, wenn überall genug Sauerstoff und Nährstoff vorhanden ist.

Wenn es dann zu einer Operation kommt und ein neues Gelenk eingesetzt wird, z.B. eine Hüfte, sind die Voraussetzungen optimal, dass es zu einem schnellen Muskelaufbau durch gezieltes Training kommt, denn wenn die Muskeln gut ernährt sind und Sauerstoff haben, dann können sie auch trainiert werden.

Zusammenfassung:

Der Körper kann, wenn er auf allen Ebenen, also Zelle, Gewebe, Nerven, optimal mit Sauerstoff und Nährstoffen versorgt ist, Schäden wegstecken oder sie erst gar nicht aufkommen lassen und seine Selbstheilungskräfte aktivieren.

Gut funktionierende Muskulatur und Gewebe können in erkrankten Nachbargebieten eine stärkende und unterstützende Funktion übernehmen.

Die Versorgung ist gewährleistet bei:

1. ausgewogener Ernährung nach den Kriterien von Harmonja

2. ausreichender Wasserzufuhr

3. ausreichender Bewegung

4. regelmäßiger Kontrolle von Blutwerten.

Hinweise zur Umstellung der Nahrung

Entgiftungserscheinungen. Je mehr der Körper vor der Nahrungsumstellung mit Giften bombardiert wurde in Form von: Kaffee, Alkohol, Medikamenten, Junkfood, Rauchen, großem Stress, wenig Trinken, wenig Bewegung, desto spürbarer wird die Umstellung sein.

Das heißt, wenn einem vergifteten Körper das Gift entzogen wird, reagiert er erst mal irritiert, denn die

Gewohnheit ist nicht zu unterschätzen. Kommen nicht mehr so viele Gifte, fängt der Körper an, seine in jeder Zelle eingelagerten Gifte zu lösen und in den Blutkreislauf zu befördern.

Das kann, je nach Grad der Vergiftung, über Wochen gehen und zu Problemen führen wie: Kopfschmerzen, Magenreizungen, depressiven Verstimmungen, Gliederschmerzen, Grippegefühl und einer Wut über diese blöde Umstellung, denn vorher ging es mir eigentlich besser. Es handelt sich um eine Art Erstverschlimmerung.

Nur Mut!

Diese Symptome gehen weg und wären sowieso im Laufe der Weitervergiftung gekommen oder manche waren vielleicht sogar schon da. Im Falle von oben genannten Beschwerden können Sie sich bei einem Arzt, Heilpraktiker oder Homöopathen zur Beschleunigung der Ausleitung Hilfe holen. Und vor allem: Trinken, Trinken, Trinken. Wasser natürlich. Und Bewegung. Diese Entgiftungserscheinungen müssen nicht sein, sie können auch unmerklich an Ihnen vorübergehen oder auch nur ein paar Tage andauern. Vor allem, wenn Sie vorher ein „normales ungesundes“ Leben geführt haben.

Natürlich ersetzt die Ernährung im Akutfall keinen Arzt, und ich bitte Sie, auch einen solchen aufzusuchen, sollten die Beschwerden stark sein oder länger andauern. Generell gilt: Vor der Ernährungsumstellung zum Arzt gehen bei: diagnostizierten Krankheiten, regelmäßiger Medikamenteneinnahme.

Die Harmonja-Ernährung ersetzt keine Medikamente, die Ihnen Ihr Arzt verschrieben hat. Sprechen Sie mit ihm über das mögliche Absetzen und beschreiben Sie ihm die Kriterien der Harmonja-Ernährung.

7. Erstaunliches und Erschreckendes

- Dieser verflixte Dienstag
- Süßstoffe

Dieser verflixte Dienstag.

Warum nur geht's mir dienstags immer so schlecht? Diese Frage hat mich fast wahnsinnig werden lassen, denn ich hab mir Fragen gestellt wie: Was soll mir das sagen? Soll ich vielleicht dienstags lieber im Bett bleiben, weil mir was passieren würde? Fragen über Fragen, die da unbeantwortet blieben, die Tatsache aber, dass ich dienstags nicht richtig aufwachen konnte, mir alles weh tat und ich schlechte Laune und Kopfweh hatte, die blieb.

Was war passiert?

Da ich zu den ganz Gesundheitsbewussten gehörte, habe ich einmal die Woche, nämlich montags, mal etwas ganz Gesundes nur für mich gemacht und einen Kartoffeltag eingelegt. Wie der Name schon sagt: Ich habe nur Kartoffeln gegessen. Das Blöde war, dass montags mein längster und anstrengendster Arbeitstag als Physiotherapeutin war, an dem ich alle meine Kohlenhydratreserven nach kurzer Zeit aufgebraucht hatte.

Ich habe dann brav schon um 11 Uhr Kartoffeln gegessen, habe mich gewundert, warum ich total kaputt war und meine Mittagspause mir mindestens 2 Stunden zu kurz erschien. Um 14 Uhr habe ich dann so Hunger gehabt, dass ich eine große Portion Kartoffeln nachgeschoben habe. Die von „Gewicht – Überwacher" sagen doch Kartoffeln null Punkte nach. Na, und die müssen es doch wissen, die sind schließlich vom Fach. Nachdem ich dann gegen 17 Uhr kaum mehr zu gebrauchen war, bin ich total erschöpft nach Hause gekommen, denn ich hatte ja einen anstrengenden Tag – aber wenigstens hab ich mich gut ernährt!

Ich bin dann ohne zu essen ins Bett, denn ich hatte ja schließlich einen ernährungsbewussten Tag. Nachdem ich mich dann am Dienstag total kaputt gegen 10 aus dem Bett gequält hatte, ging es mir dann nachmittags nach einem Hendl endlich wieder gut. Aber ich wusste nicht warum, und das war das Frustrierende daran und gab mir ein Gefühl der Hilflosigkeit und des Ausgeliefertseins an scheinbar willkürliche, unberechenbare Gegebenheiten. Höchst unbefriedigend! Ein echter Grund zum Forschen, dachte ich mir.

Lieber Leser, hätte mir mal jemand gesagt, was ich mir damit antue, ich hätte mir viel Kummer erspart. Vielleicht können Sie auch so eine Geschichte erzählen. Vielleicht ist es bei Ihnen der Freitag, da Sie donnerstags abends immer mit der Firma ausgehen und lieber nur einen kleinen Salat (die Frauen) oder ein paar Biere zu viel (die Männer) zu sich nehmen.

Ein Glück, die falschen, gesundheitsbewussten Zeiten sind vorbei, in denen es nur Kartoffeln mit Gemüse, Nudeln mit Gemüse, Reis mit Gemüse gab.

Der Lohn des richtigen Essens ist jetzt:

- *kein Hunger für 4–5 Stunden*
- *besseres Allgemeinbefinden*
- *bessere Konzentrationsfähigkeit*
- *keine Heißhungerattacken*
- *endlich keine Gewichtsprobleme mehr*
- *mein Idealgewicht*
- *schmerzfrei (meistens), s. Kapitel Stress.*

Auch gibt es jetzt in der Praxis etwas zu essen, zum Beispiel Fisch oder Huhn mit Gemüse und Salat oder Obst mit Hüttenkäse oder etwas anderes Leckeres. Hauptsache, es ist bei jeder Mahlzeit zu den guten Kohlenhydraten auch gutes Eiweiß kombiniert. Das lässt mich kraftvoll den ganzen Tag arbeiten, und ich mache nur deshalb eine Mittagspause, weil ich schöne

Zeitschriften in der Praxis liegen habe. Ich muss ja auf dem neuesten Stand sein – ich muss doch mitreden, wenn behauptet wird: Trinkt Obstsäfte wegen der Vitamine, oder Kartoffeln machen schlank. Oder wenn ich Werbung für Kinderjoghurts und Kinderschnitten mit dem Slogan sehe: „Für eine Extraportion Milch." Besser sollte es heißen: Für eine doppelte „Extraportion Zucker und Insulin".

Die Nahrungsmittelhersteller reagieren eben auch nur auf die Nachfrage. Das heißt, würden diese Produkte nicht gekauft werden, würden sie auch nicht mehr hergestellt und dann könnte sich auch die Ernährungspyramide ändern, indem nicht mehr Kohlenhydrate an erster Stelle stehen und am meisten gegessen werden sollen.

Die Forschung hat schon lange erkannt, dass Kohlenhydrate Insulin produzieren und, wenn das im Übermaß geschieht, damit Schäden und Risiken einhergehen. Ändern können nur wir Verbraucher etwas, indem wir unser Konsumverhalten ändern.

Das Wissen hat sich nur noch nicht im „Volk" herumgesprochen, aber alle, die beruflich von ihrer körperlichen Leistungsfähigkeit abhängen, wie z.B. Sportler oder Models, wissen das schon lange. Keiner von denen verschlingt morgens 2 Scheiben Brot mit Marmelade, mittags 200 g Nudeln, nachmittags ein Stück Kuchen und abends ein Bier und Brot mit fetter Wurst.

Das Problem: Als die Welle 1980 hohe Wogen schlug und es hieß, Fett ist die Ursache allen Übels, wurden auch damit gleich die Eiweiße verbannt, da sie im Zusammenhang mit Fett gesehen wurden. Was grundsätzlich nicht falsch ist, denken wir an fettes rotes Fleisch.

Die guten Eiweiße wurden dabei völlig unter den Tisch gekehrt und auch die Tatsache, dass wir zu großem Teilen aus Eiweiß bestehen. Daraufhin wurden die Werbung, die Diäten, die Bestückung der Supermärkte, die Ernährungspyramide, die Lebensmittelindustrie, sprich alles, was sich um Nahrung handelt, eingerichtet und festgelegt.

Das war aber 1980! Wir ignorieren die Forschung, die für uns in den letzten Jahren einige bahnbrechende Ergebnisse herausgearbeitet hat. Wenn es uns allen besser gehen würde, dann wäre ja alles bestens. Geht es uns aber nicht, und die Diätenmacher schauen tatenlos zu. Was dadurch an Leistungskraft verloren geht, kann man sich fast nicht ausmalen.

Noch nie wurden so viele Diäten gemacht, noch nie wurde so viel über Gewicht und Abnehmen gesprochen, noch nie hat man so viel über seine momentanen Befindlichkeitsstörungen gesprochen, noch nie gab es so viel Diabetes, Herz-Kreislauf-Erkrankungen und nicht zu vergessen: Noch nie gab es so viele schlechte Schüler. Noch nie waren die Menschen so dick trotz (wegen) zahlreicher Diäten, Lightprodukten und Selbstkasteiungen.

Ich hoffe von Herzen, mit diesem Buch einen Beitrag leisten zu können, damit Sie:

- *wieder Spaß am Essen haben*
- *es Ihnen besser geht, körperlich und geistig*
- *Sie konzentriert, motiviert und kreativ sind*
- *Ihre Lebensqualität sich erhöht*
- *Sie über andere Dinge nachdenken können als Gewicht und Zipperlein*
- *die Ernährung unserer Schüler und Studenten sich verändert.*

Und vor allem ein Appell! Liebe Eltern. Denken Sie bitte daran, dass diese Ernährung für die Kleinen genauso gilt wie für Sie auch. Auch schon für die ganz Kleinen. Und auch in der Pubertät brauchen Eltern wie Kinder gute Nerven, um diesen Umbruch gut zu meistern. Unterstützen Sie Ihre Lieben durch eine Ernährung im hormonellen Gleichgewicht, damit aus ihnen kreative, glückliche und sich gut spürende Menschen werden.

Wenn ich mir heute anschaue, aus was die Nahrung der Teenies und Schüler besteht, da können mir die Tränen kommen. Im Schulkiosk gibt's weiße Semmeln mit Schokoaufstrich, Zucker- und Koffeingetränke, süße Riegel, Fruchtjoghurt mit Zucker.

Wie soll sich da einer konzentrieren können? Nach der Schule geht's dann ab ins Fastfoodlokal, um sich die nächste Weißmehl-Fett-Zucker-Dröhnung zu holen. Spürt man dann immer noch „zu viel", wird dann noch eine Zigarette nachgedampft, um dem Hirn endgültig keine Chance mehr zu lassen, einen klaren Gedanken zu fassen. Danach geht's dann leider nicht mehr wie früher auf den Sportplatz oder einfach raus an die Luft. Das geht nicht mehr, denn heute sitzen viele am Computer beim Chatten, vor der Glotze oder im Internetcafé.

Bei der Ernährung kann man leicht eingreifen, denn die meisten Eltern wollen es und denken auch, dass sie es tun: ihre Kinder gut ernähren. Sie halten sich an die gängigen Richtlinien, aber die sind schlicht und ergreifend falsch. Wir ziehen uns mit dem gängigen Schnuller-, Zucker- und Weißmehlkonsum der Kinder richtige kleine Monster heran, die unausgeglichen, nervig und vor allem süchtig sind. Dass das der Beginn einer anderen Sucht sein kann, ergibt sich, glaube ich, von allein.

Die Ernährung im hormonellen Gleichgewicht ist keine neue Mode, sondern basiert auf Forschung, neurophysiologischem und biochemischem Wissen und gesundem Menschenverstand. Die biochemische Wirkung der Nahrung hat sich in den letzten 40 Millionen Jahren nicht verändert. Wohl aber die Nahrung selbst, wie Weißmehl, Zucker und Getreide.

Die physiologischen Reaktionen haben sich im Laufe der Evolution genetisch erhalten, und das wird sich in naher Zukunft auch nicht ändern. Es ist lediglich der Ausdruck dafür neu, denn früher, in der Steinzeit oder bei unseren Großmüttern, hieß es einfach nur Ernährung.

Da wird ein kollektives Umdenken stattfinden und stattfinden müssen, denn es ist eigentlich ein Zurück zur Nahrung. Die „Mode", kein Fleisch mehr zu essen, kam erst in den 80ern auf.

Ganz einfach war es in der Steinzeit, denn da gab es keinen Ackerbau, d.h. kein Mehl, keine Kartoffeln und kein Zucker. Deswegen gab es auch keinen Diabetes und keine Herz- Kreislauf-Erkrankungen. Auch fehlte es völlig an den so genannten Wohlstandsbeschwerden physischer wie psychischer Art.

Man aß, was man fand: Beeren, Nüsse, Samen, Wurzeln und dazu die Beute des Tages: Fisch oder Fleisch. Das war die Nahrung, die die Menschen schlank und leistungsfähig gemacht hat.

Was ich gern noch sagen möchte: Nach meinen Erfahrungen aus der Praxis besteht bei dem Thema Süßstoffe ein Aufklärungsbedarf. Viele denken, sie tun sich damit etwas Gutes, sparen Kalorien und nehmen auch noch ab. Mitnichten.

Süßstoffe

Hans-Ulrich Grimm schreibt in seinem Buch: „Die Suppe lügt“: „Süßstoffe sind chemisch erzeugte Kunststoffe, also pures Plastik“. Die Süße ist bloße Illusion, hat keinen Nährwert. Sie enthält Chemikalien statt Kalorien. Der Körper kann damit nichts anfangen. Seine Beliebtheit verdankt er einer Eigenschaft, die die Chemiker 1967 zufällig entdeckt haben: Er schmeckt süß. Natürlich wurde Süßstoff ausführlich getestet, doch amerikanische Verbraucherschützer raten vom Verzehr dringend ab – sie gefährden unsere Gesundheit.“

Grimm schreibt weiter: „Wussten Sie, dass in Amerika Deklarationspflicht gegenüber Lebensmitteln besteht, denen der Süßstoff Saccharin zugefügt wurde?“ Im Klartext steht auf den Lebensmitteln: Die Verwendung dieses Produktes kann Ihrer Gesundheit schaden. Dieses Produkt enthält Saccharin, das in Tierversuchen Krebs ausgelöst hat.

In Europa fehlt ein solcher Warnhinweis, es wurde sogar der Antrag abgelehnt, vorne auf dem Produkt eine deutliche Kennzeichnung zu platzieren, denn viele lesen das Kleingedruckte hinten auf dem Etikett nicht. Wer will, kann genauer hinschauen. Es ist ein Irrglaube, dass nur Lightprodukte Süßstoffe enthalten. Bei uns wird in viele Lebensmittel der wesentlich billigere Süßstoff reingemogelt, wie in Gurken, Rollmöpse, Getränke, Glaskonserven, Wurst und vielen mehr. Schauen Sie mal die Rücketiketten der Lebensmittel etwas kritischer an und Sie werden sicher auch etwas finden, was man Ihnen untergeschoben hat, ohne dass Sie das wussten. Egal ob Süßstoffe oder „natürliche Aromen“.

„Natürliche Aromen“. Bei „natürlichen Aromen“ hanelt es sich um künstliche Aromen, aber da das so ein hässliches Wort ist, wurde per Gericht angeordnet, man könne „natürlich“ schreiben, wenn es irgendwo in der Natur zu finden ist. Und da haben sie dann recht, denn Sägespäne, aus denen Erdbeeraroma gemacht wird, kommen schließlich in der Natur vor. Dass wir keine Sägespäne pur essen würden, versteht sich von selbst, und auch als Erdbeeraroma kann der Körper da nichts mit anfangen. Wir verspeisen zuckersüße, erdbeergeflavourte Lügen, denn es kommt keine Frucht und auch nichts Süßes.

Lightprodukte sind doch nicht das Wahre. Da es sich vor Jahren schon rumgesprochen hat, dass Lightprodukte doch nicht das Wahre sind und uns viele Unwahrheiten aufgetischt wurden, etwa die Kalorienzahl nicht stimmte oder der Fettgehalt eigentlich der gleiche war wie bei vergleichbaren normalen Produkten. Beispiel: eine Lightmettwurst hatte 2 Kalorien weniger als eine normale, ein Huhn süß-sauer war mit 98 Kalorien auf 100 g fast genau so fett wie eine Schweinshaxe. Ökotest schreibt: „Süßstoffe machen nicht dick, genauso aber auch nicht dünn.“

Nicht nur, dass Süßstoff Hunger macht, es spielt auch die Psyche mit, denn wer light gegessen hat, denkt, er kann ruhig noch mehr essen. Ökotest schreibt: „Die Wissenschaftler Rogers und Blundell haben in einer Langzeitstudie herausgefunden, dass Menschen, die Süßstoffe verzehren, auf den Tag verteilt eine deutlich höhere Kalorienzahl zu sich nehmen als Zuckerkonsumenten.“

Wir werden getäuscht – unsere Sinne spielen verrückt. Denn was passiert, wenn der Körper denkt, er bekommt Zucker, die Zuckerknospen im Mund anspringen, die Bauchspeicheldrüse Insulin ausschüttet und wenn dann gar kein Zucker kommt: Der Körper reagiert mit dem so genannten „cephallischen Insulinreflex“, das heißt: Heisshunger auf Süßes! Und Heißhunger auf mehr. Mehr Lightprodukte, denn die kann man ja ohne schlechtes Gewissen essen. Denkt man. Falsch gedacht.

Niemand interessiert es, ob die Mittel noch zum Leben dienen. Es geht um den Absatz, um den Profit. Ändern können das nur wir Verbraucher, indem wir unser Konsumverhalten ändern. In der neuen Welt des Geschmacks, der Süßstoffe, der Aromen, der „natürlichen“ Zusatzstoffe haben die Lebensmittel ihren Platz verloren. Sie sind so zu sagen verrückt geworden.

Eine 1997 durchgeführte Studie des „Palm Beach Institute of Medical Research“ hat eindeutige Zusammenhänge zwischen dem Verzehr von bestimmten Süßstoffen und schweren Erkrankungen wie Panikattacken, Gedächtnisverlust, Krebs, Schwindel, epileptische Anfälle, Depressionen und Kopfschmerzen herausgefunden.

Nicht alle Süßstoffe haben die gleichen Krankheiten als Folge, aber jeder Süßstoff hat negative Auswirkungen auf unsere Gesundheit und unser Befinden. Es gibt momentan noch keinen künstlich erzeugten Süßstoff, der völlig bedenkenlos ist, sagen amerikanische Verbraucherschützer. (Quelle: „Die Suppe lügt“ von Hans-Ulrich Grimm)

Bei manchen Süßstoffen sind die Nebenwirkungen sogar derart gefährlich, dass das Medical Research Institute ein Verbot forderte. Ohne Erfolg – die Süßstoffe sind immer noch erlaubt. So ist es doch bemerkenswert, dass bestimmte Süßstoffe in manchen Ländern verboten wurden, weil eindeutige Beweise vorlagen, sie in vielen anderen Ländern aber immer noch erlaubt sind. Das sollte uns für unser Konsumverhalten zu denken geben.

Die Zeitschrift Ökotest warnt in Deutschland: „Vor allem Schwangere und Stillende sollten auf Cyclamat verzichten. Es kann in den Mutterkuchen und in die Milch gelangen". Die Herstellung mancher Süßstoffe kostet quasi fast nichts, und so lassen sie sich sehr rentabel in die ganze Welt verkaufen, so Grimm in seinem Buch „Die Suppe lügt".

Wissen Sie, wozu ursprünglich ein bestimmter Süßstoff entwickelt wurde? Zur Schweinemast! Er wurde als Masthilfsmittel hergestellt und läuft unter der Rubrik: appetitanregend! Es ist doch unfassbar, dass viele Lightprodukte diesen Süßstoff enthalten.

Was ich außerdem noch bemerkenswert finde. Da die Bedeutung des Verzehrs von Eiweiß kein Geheimnis mehr ist, kursieren diverse Eiweißdrinks auf dem Markt, es wird Werbung wie verrückt gemacht, Versprechungen, was alles Positives passiert, wenn man diesen Drink dreimal am Tag verspeist, essen braucht man dann nichts mehr, es sei alles drin, was man bräuchte. Unzählige Kilos kann man abnehmen und dabei lächeln.

Nach dem, was wir jetzt über Eiweiß wissen, hört sich das alles gar nicht so schlecht an. Die Vorstellung, satt zu sein, sich mal nicht ums Essen kümmern zu müssen und dennoch sich ausgeglichen zu ernähren und auch noch abzunehmen – das fand ich auch verlockend und habe mir deswegen die sündhaft teuren Eiweißdrinks bestellt, denn ich vermutete einen Haken. Es gibt ihn, den Haken: Überall ist Süßstoff drin.

8. Patientengeschichten und Feedback

- Mann, 32 Jahre: Nackenverspannung und Kopfschmerzen
- Mann, 25 Jahre: Müdigkeit und Muskelbeschwerden
- Frau, 55 Jahre: Heißhungerattacken und Gewichtsprobleme
- Mann, 43 Jahre: Konzentrationsstörungen und Benommenheit
- Frau, 38 Jahre: chronische Schmerzen und Benommenheit
- Mann, 44 Jahre: Achillessehnenentzündung und Leistungssport
- Mädchen, 17 Jahre: Kopfschmerzen seit Jahren
- 3 Studenten zwischen 21 und 25 Jahren: chronische Müdigkeit
- Der Körper spricht zu uns ...

Patientengeschichten aus der Praxis

Patientengeschichten. Im Folgenden möchte ich Ihnen ein paar meiner Patientengeschichten erzählen, denn die Ernährung kann nicht nur bei Schmerzen oder Übergewicht helfen. Lesen Sie selbst. Ich habe mir die Genehmigung eingeholt und auch die Menschen gebeten ein Feedback zu schreiben.

1. Ein Mann, 32 Jahre kam wegen Knieproblemen und Nackenverspannungen mit Kopfschmerzen, die seit 3 Monaten bestanden, zu mir in die Praxis. Er war schon in vielen Arztpraxen und hatte schon einige Untersuchungen über sich ergehen lassen. Ich nahm einen ausführlichen physiotherapeutischen Befund auf und fragte ihn auch nach seinen Essensgewohnheiten und er meinte, er esse jeden Morgen einen Johannisbeerstreuseltaler. Und das seit Jahren. Mittags dann Pommes mit Wurst und abends Wurstbrote. Nach eingehender Beratung verließ er die Praxis mit dem Wissen, wie die Ernährung im hormonellen Gleichgewicht funktioniert. Ich habe ihn darüber aufgeklärt, dass seine Knieprobleme von seinem zu hohen Gewicht kommen und die Verspannungen ein Mangel an Nährstoffen und Sauerstoff sei.

Nach 5 Tagen rief er mich an - die Kopfschmerzen waren weg. Hier hatten wir es mit einem Paradebeispiel zu tun, denn durch die jahrelange Dauerüberlastung der Bauchspeicheldrüse durch ein Zuckerfrühstück sank die Toleranz für Insulin, sprich er hatte eine Insulinresistenz entwickelt, was die Bauchspeicheldrüse veranlasst hat, noch mehr Insulin zu produzieren. Das führt auf Dauer zu Kopfschmerzen oder anderen Gesundheitsstörungen.

Nach weiteren 2 Wochen, als wir uns wieder sahen, war er beschwerdefrei und erzählte mir folgende unglaubliche Geschichte: Er erzählte seinem Neurologen von der Ernährungsumstellung und von der Tatsache, dass seine Verspannungen und Kopfschmerzen seither verschwunden waren. Die Antwort des Neurologen war erstaunlich: „Das kann nicht sein, denn schließlich seien Verspannungen

die Ursache von Kopfschmerzen und nicht die Ernährung." Da war ich echt baff. Was sind Verspannungen: Das sind meiner Meinung und Erfahrung nach Muskelzellen, die nicht ausreichend mit Sauerstoff, Nährstoff oder Wasser versorgt sind und dadurch nicht 100 % arbeiten können. Wird die Mangelernährung beseitigt, verschwinden auch die Muskelspannungen. Manchmal muss noch mit Haltungstipps und Muskelaufbauübungen nachgeholfen werden.

Feedback nach 7 Wochen. Bericht an Frau Sautter: Aufgrund von Problemen mit meinem Knie, Nacken und Kopfschmerzen habe ich von meinem Arzt die Empfehlung erhalten, mich bei Frau Sautter einer physiotherapeutischen Behandlung zu unterziehen. Schon bei der Patientenaufnahme war ich vom umfangreichen Wissensdurst der Therapeutin überrascht. Dann nicht mehr, als ich von der ganzheitlichen Betreuungsphilosophie der Physiotherapie in Kombination mit Ernährung hörte.

Aufgrund meiner Knieprobleme wurde mir empfohlen, mein Gewicht zu reduzieren, denn ich war in meiner körperlichen Bewegungsfreiheit stark eingeschränkt. In einer Beratungsstunde wurden meine Essgewohnheiten erfragt und ein Plan für mich erstellt. Selbst meine Kopfschmerzen konnten hier erklärt werden. Nach dem Weglassen meines morgendlichen Johannisbeerstreuseltalers stellte sich schon nach Tagen die erste Besserung ein.

Bei der weiteren Umsetzung des Plans empfand ich auch ein stärker einsetzendes Wohlbefinden. Aufgrund des reduzierten Gewichts, 9 Kilo in 6 Wochen, konnte ich mich besser bewegen und hatte beim Laufen kaum noch Probleme. Ich habe mein Körperfettanteil in dieser Zeit von 24 % auf 21 % reduziert. Mein Hauptaugenmerk habe ich auf die Eiweißzufuhr über Hähnchen und Fisch gelegt, und das rote Fleisch habe ich 4 Wochen ganz weggelassen. Nun gibt es ab und zu wieder ein Stück Wurst, aber nicht in dem Umfang wie vorher. Die Kohlenhydrate werden reduziert und dreimal in der Woche gibt es Fisch und zweimal Hähnchen. Und am Tag werden fast immer 2,5 l Wasser getrunken. Abschließend kann ich sagen, dass es mir mit der Ernährung besser geht. Wenn ich in der nächsten Zeit mich

nicht immer ganz konsequent an die Richtlinien halte, so werde ich jedoch die Grundzüge dieser Ernährung beibehalten. Danke.

2. 25–jähriger Student, klagt über wechselnde Muskelzerrungen nach dem Sport in den Beinen und Müdigkeit ab 11 Uhr in der Uni. Der physiotherapeutische Befund für die Muskelzerrungen ergab sich aus der Befragung des Mannes nach seinen Eßgewohnheiten. Denn Muskelzerrungen, die ohne Unfall entstehen, entwickeln sich genau so wie Verspannungen durch ein Mangel an Sauerstoff und Nährstoff in den Zellen und einem Mangel des Reparaturhormons das über nacht ausgeschüttet werden soll.

Seine Erklärung für die Müdigkeit war: „Ist ja klar, nach 2 Stunden Vorlesung, dass man da müde wird.“ Ich musste ihm da widersprechen, denn mit 25 kann man locker 5 Stunden völlig wach in einer Vorlesung sitzen, vorausgesetzt, das Hirn hat genug Zucker, um zu arbeiten. Bei der Befragung seiner Essgewohnheiten hörte ich Folgendes:

Zum Frühstück zwischen 8 und 9 Uhr eine große Scheibe Weißbrot mit einem halben Glas Schokoaufstrich (der ganz bekannte, der uns in der Werbung weismachen will, dass er schon morgens Kräfte weckt), und dann mittags irgendwas von der Bude oder auch bis abends nichts und abends dann alles Mögliche und vor allem: ganz viel.

Da war es wirklich nicht schwer, ihm seine Beschwerden zu erklären. Das könnten Sie jetzt auch, wenn Sie das Buch genau gelesen haben. Versuchen wir es zusammen. Also, was ist da los? Schokoaufstrich zum Frühstück – Insulin hoch – nach 2–3 Stunden Blutzuckerspiegel auf niedrigem Niveau – Müdigkeit. O.K., erstes Mysterium geklärt.

Lösung: Frühstück ändern nach den Kriterien von Harmonja. Natürlich kann er auch mal wieder Schokoaufstrich essen, wenn er es ohne nicht lebenswert findet, aber zur Erholung der Bauchspeicheldrüse erst einmal gar nicht, und dann wesentlich weniger und vor allem nur in Kombination mit Eiweiß.

2. Problem: Muskelzerrungen nach Sport. Was ist da los? Auch nicht schwer. Oder? Durch die Riesenportionen die er abends verspeist, vor allem wenn es nach 19 oder 20 Uhr ist, verhindert er, dass über Nacht das Wachstumshormon zur Regeneration ausgeschüttet wird, da der Insulinspiegel zu hoch ist. Lösung: Tagsüber regelmäßig essen, das heißt ein vollständiges Mittagessen einnehmen, vielleicht noch einen Obst/Quark–Snack am Nachmittag und abends angemessene Portionen zu einer angemessenen Zeit. Dann können sich auch die Muskeln wieder vom Sport erholen.

Feedback nach 2 Monaten: Hallo Frau Sautter, Die Umstellung des Frühstücks fiel mir nicht schwer und hat auch erstaunliche Auswirkungen auf mein Befinden in der Uni gehabt – ich kann mich wesentlich besser konzentrieren und bin nicht mehr müde. Find ich echt gut, so ist es leichter zu lernen.

Bei den Abendmahlzeiten tat ich mich am Anfang etwas schwer, weniger zu essen, aber nachdem das mit den Muskelschmerzen nicht besser wurde, habe ich mich auch da in etwa dran gehalten und habe angefangen Fischöl zu nehmen. Jetzt ist es so, dass ich ganz normal trainieren kann und keinerlei Beschwerden mehr habe. Ich habe vor, die Ernährung in etwa so einzuhalten und werde das Fischöl auf Dauer einnehmen, denn ich schaff es nicht, dreimal die Woche Fisch zu essen. Danke, meine Lebensqualität hat sich unerwartet echt erhöht.

3. Eine Frau, 55 die zu mir kam wegen Rückenschmerzen, klagte während der Massage darüber, dass sie immer dicker wird und dauernd Heißhungeranfälle auf Süßes hat. Auch sie fragte ich nach ihren Ernährungsgewohnheiten und war erstaunt, denn: morgens Obst mit Quark, dann ab 11 Süßigkeitenattacke, mittags meistens Huhn oder Fisch mit Gemüse oder Salat, nachmittags Süßigkeitenattacke, abends etwas Brot mit Käse. Schau an, dachte ich, was ist denn da los, denn die Süßattacken sind vom Essen her gesehen unlogisch, denn das, was sie isst, ist ja geradezu perfekt. Ich fragt sie dann nach dem Trinken. Also das ist so, sagte sie, da ich ja nicht zunehmen will, trinke ich morgens keinen Kaffee mehr, weil ich den nur mit Zucker mag, ich trinke ein

Lightgetränk mit Koffein (auch ein ganz bekanntes). So eins trinke ich dann auch noch nach dem Mittagessen anstatt Cafe und weil's mir halt so gut schmeckt.

Na, da hatten wir ja die Erklärung, wie es zu den Heißhungeranfällen kommt. Wie Sie in dem Kapitel Süßstoffe gesehen haben passiert Folgendes beim „Genuss" eines Lightgetränkes: 1. Die Geschmacksknospen im Mund registrieren: süß. Es kommt aber nicht Süßes, trotzdem schüttet die Bauchspeicheldrüse Insulin aus. Das flitzt dann im Blut rum und sucht den Zucker, findet ihn nicht – und senkt den vorhandenen Blutzuckerspiegel ins Bodenlose. Folge: Hunger – Heißhunger, denn das Gehirn hat nichts mehr zu essen.

2. Süßstoff ist ein Mastmittel und hat den Auftrag, Appetit anzuregen. Also eine doppelte Falle. Blutzucker sinkt und das Satthormon wird ausgehebelt. Da hat man keine andere Chance als Süßes zu essen und dick zu werden. Lösung: Die Patientin kann weiter so essen wie vorher, hat aber verstanden, was die Lightgetränke anrichten, und wird diese in Zukunft meiden und lieber mal einen Kaffee trinken. Auch wenn da etwas Zucker drin ist, hat das noch lange nicht so gravierende Auswirkungen auf den Blutzucker, vor allem wenn Eiweiß dazukombiniert wird. Sie sehen, wenn man nur lange genug nachfragt, findet man schon heraus, woher die Probleme kommen.

Feedback nach 2 Wochen: Liebe Frau Sautter, ich gebe es ungern zu, aber Sie haben recht. Wenn ich das Lightgetränk weglasse, bleiben auch die Süßattacken weg. Trotzdem schaff ich es nicht, auf mein Getränk zu verzichten. Ich arbeite dran. Herzliche Grüße.

4. Ein Mann, 43 Jahre. Sein Problem: starke Konzentrationsschwierigkeiten bis hin zu Benommenheitszuständen direkt nach dem Frühstück seit etwa einem Jahr. Was ihm seine Arbeit ungeheuer schwer macht. Diese Zustände legen sich erst wieder nach dem Mittagessen. Sonst keine Beschwerden. Er wurde uns zu einer energetisierenden Massage geschickt. Ernährungsgewohnheiten: „Ich ernähre mich optimal und vor allem gesund. Morgens ein großes Schokomüsli, mittags Fleisch mit Gemüse oder Fisch und abends

Brotzeit mit 1-2 Gläsern Rotwein." Das Problem: Schokomüsli zum Frühstück ist eine gewaltige Insulinschleuder, senkt den Blutzucker, was oben genannte Erscheinungen zur Folge hat. Aber warum erst seit einem Jahr, was war vorher? „Müsli habe ich schon vorher gegessen", war die Antwort. Was hatte er verändert? Nach längerem Fragen hatten wir es dann: Er hat vor fast 2 Jahren aufgehört, Sport zu machen, und hat einen stressigen, verantwortungsvollen Beruf. Was war passiert: Durch den Sport konnte der Körper die Andockzellen für Insulin immer wieder regenerieren, durch den Abbau der Stresshormone Cortisol und Adrenalin wurde das Insulin auf einem niedrigen Niveau gehalten.

Nach Aufgabe der sportlichen Tätigkeit konnte der Körper noch ein Jahr die Insulinflut bewältigen, danach waren die Andockzellen für Insulin erschöpft, und es kam zu einem rasanten, immensen Abfall des Blutzuckerspiegels direkt nach dem Essen.

Also ein Frühstück, das in Kombination mit Sport vertragen wurde, beschwert dem Mann heute große Probleme, ohne Sport. Da er zum Mittagessen ausreichend Eiweiß zu sich nahm, ging es ihm nachmittags immer besser. Lösung: Müsli erst mal weglassen, bis die Andockzellen sich erholt haben, Frühstück nach den Kriterien Harmonja und vor allem mehr Bewegung.

Feedback nach 5 Monaten. Sehr geehrte Frau Sautter, erst mal Danke für Ihre Beratung und vorweg möchte ich gleich sagen, es geht mir wesentlich besser. Das Müsli habe ich weggelassen und esse stattdessen abwechselnd Eier oder Lachs und dazu Obst.

Manchmal esse ich auch noch etwas magere Kalbswurst und dazu Vollkornbrot. Immer wenn ich das Gefühl habe, noch nicht genug Eiweiß zu haben, z.B. wenn ich ein Honigbrot esse, nehme ich einfach Ihre Eiweißlinge und der Tag ist gerettet. Das Verblüffendste ist, dass ich einfach nicht mehr müde bin und meine Konzentration absolut zufrieden stellend ist. Das führe ich hauptsächlich auf die Einnahme vom Fischöl zurück und es ist sogar so, dass ich durch die einnahme des Öls wesentlich mehr Stress aushalte und meine Nerven sich maßgeblich erholt haben. Das alles klingt wie ein Wunder und war so einfach. Was ich Ihnen nicht erzählt hab'ist, dass ich in meiner frühesten Kindheit an einer Magersucht litt und ich auch noch als Erwachsener immer den Kampf mit dem Zunehmen hatte. Es waren immer 5 kg zu wenig und deswegen habe ich mir eingeredet, ich müsse vor allem Fettes essen weil ich ja zunehmen wollte. Das habe ich ja jetzt weggelassen und einerseits leider 2 kg abgenommen, aber andererseits habe ich gut Muskeln aufgebaut und fühle mich sehr stark und drahtig. Und wenn ich weiter jogge und Kraftsport mache, werde ich mich in ein paar Monaten bei 70 kg eingependelt haben und damit kann ich gut leben, weil ich glaube, dass dies sowieso mein Idealgewicht ist.

Und meiner Frau gefällt es auch, wenn der kleine Fettbauch weg ist und ein paar Muskel mehr dran sind. Ich würde gerne noch einmal vorstellig werden, um meine Körperfettanteil noch einmal zu messen. Bin mir sicher, der liegt jetzt bei 15 % und nicht wie vorher bei 22 %.

5. Eine 38-jährige Frau klagte über fast dauernde Rückenschmerzen im Brustwirbelbereich. Seit 8 Jahren, Schmerzen auf der rechten Seite in der Lebergegend und oft eine totale Benommenheit im Kopf, gepaart mit einem ständigen Kampf mit ihrem Gewicht.

„Die Schmerzen sind mal da und mal nicht und ich weiß absolut nicht, warum und was ich tun kann. Ich weiß nur, dass es auf jeden Fall vom Essen kommt, denn ich habe nach fast jedem Essen Schmerzen. Oft sofort, manchmal später. Es ist zum Wahnsinnigwerden. Ich habe schon fast alles ausprobiert und werde bald irre. Was das schon Geld gekostet hat an Untersuchungen, Kernspin, komplizierte Untersuchungsmethoden. Und nie wurde was gefunden. Ich habe auch schon mit der Ernährung alles ausprobiert, habe auch schon mehrfach gefastet – hilft alles nichts, es wird nur immer schlimmer und immer öfter."

Ernährungsgewohnheiten: „Ich bin sehr gesundheitsbewusst, vor allem esse ich kaum oder kein Eiweiß, denn ein super Arzt hat mir gesagt, ich hätte eine Eiweißallergie oder zumindest eine Eiweißunverträglichkeit.

Ich esse viel Vollkornbrot, Vollkornnudeln, Reis, Gemüse, vegetarische Aufstriche. Und manchmal, ich trau mich es gar nicht zu sagen, wenn es mir ganz schlecht geht, esse ich am liebsten ein halbes Hähnchen oder Leberkäs. Danach geht's mir immer besser, und ich denke, das liegt daran, dass im Leberkäs und im Hähnchen Antibiotika ist. Das brauchte ich dann wohl."

Das es nicht am Antibiotika liegt, war mir sofort klar, denn es ist manchmal erstaunlich, was sich die Patienten an Erklärungen so zurechtlegen, denn Antibiotika ist nun mal sehr selten in Hähnchen oder Leberkäs. Sie ahnen schon, aus welcher Ecke die Beschwerden der Patientin kamen.

Ich erklärte ihr erstmal, woraus wir so gebaut sind, nämlich aus Eiweiß. Was mich aber neugierig machte, war die Tatsache, dass sie so massiv bei jedem Kohlenhydratessen mit Schmerzen reagierte. Warum hat sie so eine überschießende Reaktion des Insulins?

Nach konkreter Befragung erzählte sie dann: „Ich hatte vor 12 Jahren einen schweren Unfall, bei dem ich fast ums Leben gekommen wäre." Nun war es erklärbar, warum ihr Hormonsystem so derart aus der Bahn geraten war.

Ich empfahl ihr das Buch: Traumaheilung von Peter Levine und besprach mit ihr die Ernährungsumstellung. Sie war sehr skeptisch, denn plötzlich Eiweiß zu essen war für sie beängstigend, denn sie hatte ja schließlich eine Unverträglichkeit ...

Feedback nach 6 Wochen: Liebe Frau Sautter, ich kann mein Glück kaum fassen. Mein Leben hat sich total verändert. Ich habe es jetzt selber in der Hand, wie es mir geht. Ich halte mich an die Ernährung und bin meistens schmerzfrei. Die Voraussetzung dafür ist, dass ich regelmäßig Sport mache, ich jogge, und das ich mich genau an die Ernährungsregeln halte. Die tägliche Einnahme des Fischöls bekommt mir sehr gut, ich fühle mich im Kopf angenehm klar. Ganz froh bin ich über die Eiweißlinge, denn ich esse so gerne Obst und weiß dann nicht, was ich dazu essen sollte.

Da sind die Eiweißlinge spitze. Wenn ich mich nicht an die Ernährungsvorschläge halte oder zu sehr in Stress komme, bekomm ich wieder Schmerzen, aber nicht so stark, und ich weiß auch dann sofort, was ich machen kann. Mich bewegen und dann Quark mit Obst essen. Vor allem ist die Benommenheit total weg.

Ich esse liebend gerne Rühreier (ohne Eigelb) zum Frühstück und habe eine Power wie nie zuvor. Ich kann es gar nicht fassen. Ich habe gar keine Eiweißallergie. Auch ist mein Durchfall weg und meine Waage und ich haben fast Frieden geschlossen. Ich habe erst mal 2 Kilo abgenommen und halte jetzt mein Gewicht, mit dem ich sehr zufrieden bin, und muss nicht hungern. Toll.

6. Ein 44-jähriger Mann kam in die Praxis und meinte: „Mach mich fit für den Marathon, ich habe eine Achillessehnenentzündung.“ Wir duzten uns, da es ein Freund von mir ist. Ich schaute ihm mir an und fragte ihn, ob er denn schon trainiert hätte, denn was ich da sah, sah nicht so aus wie einer, der gerade voll im Training steht. Er war zu dick, zumindest für einen Sportler, hatte ein rotes Gesicht, und ich fragte ihn nach seinem Blutdruck. 180/140 hätte sein Arzt ihm gesagt. Der normaler Wert ist: 120/80. Ich habe mir dann seine Achillessehne angeschaut, die dick und entzündet war. Dann fragte ich ihn nach seinen Ernährungsgewohnheiten und bat seinen Arzt, ein paar Blutwerte zu bestimmen.

4 Tage später informierte mich sein Arzt, und wir wussten mehr: Das Homocystein und die Triglyceride waren viel zu hoch. Das mit dem Blutdruck wussten wir ja schon. Diese Kombi an Werten verspricht nun wirklich nicht, dass man erfolgreich, am besten noch lebend, einen Marathon läuft.

Der Heilpraktiker Uwe Karstätt schreibt in seinem Buch: Die sieben Revolutionen der Medizin, dass die Werte Homocystein und Triglyceride sehr verlässliche Werte sind, um die Gefahr von Schlaganfall, Herzinfarkt, Diabetes, Krebs oder Demenz zu bestimmen. Sein Arzt meinte, er sei nicht weit entfernt von einem beginnenden Diabetes, einem drohenden Schlaganfall oder

Herzinfarkt bei Überlastung. (Sein Vater verstarb, ohne vorher irgendwelche Beschwerden zu haben, ganz plötzlich mit 60 an einem Herzinfarkt). Auch solche Faktoren zu berücksichtigen, ist wichtig. Auch war mit den Blutwerten zu erklären, warum er nicht abnahm trotz vielem Training und die Muskeln streikten. Durch den dauernd hohen Insulinspiegel kann der Körper bei Belastung seine Energie nicht aus den Fettreserven beziehen, sondern fängt an, wenn die begrenzen Kohlenhydratvorräte aufgebraucht sind, wertvollen Eiweiß aus den Muskeln zu knabbern, um weiterhin Leistung bringen zu können. Die angeknabberten Stellen werden sofort mit Fettzellen aufgefüllt und der Muskel verfettet auf Dauer, kann nicht mehr arbeiten, da die Nährstoff-, Sauerstoff- und Wasserversorgung nicht mehr gewährleistet ist. Es kommt zu Entzündungen, Rissen und Schmerzen.

Nur wenn genug Eiweiß mit der Nahrung aufgenommen wird, der Insulinspiegel niedrig gehalten wird und der Blutzucker konstant ist, dann kann der Sportler einen Marathon laufen. Er läuft dann auf Fettverbrennung und nicht auf seinen Kohlenhydratreserven. Fette liefern mehr als zweimal so viel Energie wie Kohlenhydrate und sind im Überfluss vorhanden. Ein Top Marathonläufer hat 20-mal mehr Energie in Form von Fett.

Die Behandlung: Ernährungsumstellung: weniger Fett, kein Alkohol, weniger schlechte, dafür mehr gute Kohlenhydrate. Der Arzt verschrieb ihm ‚Synervit', um den Homocysteinwert zu senken und hochdosiert Omega-3-Fettsäuren in Form von Fischöl, um die Triglyceride zu senken und für einen besseren Stoffwechsel. Die Achillessehne wurde mit Physiotherapie behandelt. Eine Blutuntersuchung zur Kontrolle sollte nach 6 Wochen stattfinden.

Feedback nach 3 Monaten: Hallo, nachdem ich mit anfänglichem großen Widerwillen dann doch angefangen habe, mich an die neue Ernährungskombinationen zu halten und vor allem meinen Alkoholkonsum eingeschränkt habe, kann ich nach drei Monaten resümieren: Ich bin den Marathon ohne körperliche Beschwerden (also nichts Außergewöhnliches) gelaufen und nicht als Letzter angekommen. Meine Blutwerte haben sich deutlich verbessert. Ich fühle mich im Ganzen belastbarer, leichter und vor allem bin ich nicht mehr so aggressiv.

Ich nehme das Fischöl weiter, denn das tut mir ausgesprochen gut. Scheint wirklich was dran zu sein. Gut gemacht und danke.

7. Ein 17-jähriges Mädchen kam wegen Nackenverspannungen und erzählte mir, sie habe seit Jahren immer Kopfweh. Ich fragte sie nach ihren Essgewohnheiten und sie erzählte mir Folgendes: „Ich esse morgens nichts, gehe dann in die Schule und so gegen 14 Uhr esse ich dann Nudeln oder Döner. Abends gibt es dann zu Hause was Warmes. Meistens Nudeln mit Soße. Ich trinke viel, meistens Apfelschorle oder Cola.“

Solche Tagesabläufe höre ich wirklich oft, gerade von Schülern und Studenten. Morgens nichts essen ist „in“, so scheint mir, hat aber gravierende Auswirkungen. Ich besprach mit dem Mädchen ihren möglichen Essensplan und behandelte sie physiotherapeutisch.

Feedback nach 4 Wochen: Hallo Frau Sautter, ich fühle mich, als hätte ich ein neues Leben geschenkt bekommen. Nachdem Sie mir geraten haben, regelmäßig zu essen, hat sich alles verändert. Ich habe keine Kopfschmerzen mehr und muss nicht dauernd hungern. Ich frühstücke jetzt nach Ihren Vorschlägen, trinke viel mehr als vorher und vor allem Wasser. Ich habe zwei Kilo abgenommen, ohne zu hungern - im Gegenteil, ich habe gegessen. Vorher habe ich gehungert und nicht abgenommen. Ich esse jetzt sogar manchmal Schokolade und bekomme keine Kopfschmerzen. Ich bin so happy. Ich werde das weiter erzählen und alle zu Ihnen schicken.

8. Drei Studenten. Im Hof meiner Praxis fand eine Studentenparty statt, auf die ich spontan eingeladen wurde. Das Thema, das dort fast alle beschäftigte, war: Warum sind wir bloß in der Uni immer so müde? Ich hörte mir diese Unterhaltung an, während alle Glühwein, Plätzchen und Schokolade aßen. Einer fragte mich: „Kennen Sie sich damit aus?“

Ich lud sie ein, sich bei mir in der Praxis einen kleinen Vortrag anzuhören. Sie waren interessiert, machten einen Termin und kamen zu dritt. Alle 3 waren chronisch müde, und bei allen war schnell der Zusammenhang klar:

1. *morgens nichts essen, dann Süßes in der Uni, mittags Fastfood und abends oft nichts.*
2. *morgens 2 Butterbrezen, mittags Süßes, abends zu Hause warm.*
3. *morgens großes Müsli, mittags Salat, abends zu Hause warm.*

Trinken: alle 3 Apfelschorle den ganzen Tag, etwa jeder 1 Liter. Das ist total typisch für Studenten und Schüler: Nichts essen oder wenn, dann Kohlenhydrate und vor allem unregelmäßig, und sie trinken zu wenig und das Falsche – aber der Motor soll den ganzen Tag laufen. Wie denn? Nach meinem Vortrag waren sie sehr erstaunt und hoch motiviert. Sie konnten es gar nicht glauben, dass sie vielleicht selber was dagegen tun können.
„Los geht's", sagte die eine, „lass uns Hüttenkäse kaufen."

Feedback nach 2 Monaten: Hallo an Frau Sautter von uns Dreien. Wir können das alle zusammenschreiben, denn die Wirkung war und ist bei uns allen gleich: wenn wir uns an die Frühstücksvorschläge halten, können wir eindeutig feststellen, dass wir in der Uni nicht mehr so müde sind. Ist echt besser. Da wir uns leider nicht immer dran halten, denn wir vergessen oft einzukaufen, merken wir den Unterschied deutlich. Wir haben uns vorgenommen, das noch perfekter auszubauen, denn nicht so kaputt zu sein ist echt besser. Den Süßigkeitenkonsum haben wir reduziert, denn da merkt man es total deutlich, dass das nicht gut tut. Wir sind noch jung – wir arbeiten dran. Danke für die Informationen.

Noch eine nette Geschichte zum Schluss. Während des Schreibens dieses Buches gab ich das Skript einem Bekannten (49 Jahre), von dem ich schon wusste, dass er ein ganz Kritischer ist. Ich bekam es zurück mit dem Kommentar: "gefällt mir gut wie du schreibst und gib mir doch mal so Eiweißlinge und Fischöl." Keinerlei Kommentar über den Inhalt.

Drei Monate später sagte er mir: „Also, ich war ja echt skeptisch mit dem, was du da geschrieben hast, und dachte: schon wieder so ein Buch. Ich habe es dann aber doch ausprobiert. Ich habe entweder Eiweiß zu den Mahlzeiten dazu gegessen oder von den Eiweißlingen. Fischöl nehme ich jeden Morgen. Ich kann nur sagen: Also, es stimmt. Mir geht es auch besser. Ich habe kein Völlegefühl mehr nach den Essen und abends keine Heißhungerattacken mehr. Ich hatte manchmal Leistungseinbrüche, fühlte mich plötzlich schlapp und musste dann schnell ein Marmeladenbrot essen. Das habe ich überhaupt nicht mehr.

Ich mach das weiter so, mit dem Fischöl und vor allem mit den Eiweißlingen, denn ich esse nicht zu jeder Mahlzeit Eiweiß. Hat mich echt überzeugt – und ich bleib kritisch."

Der Körper spricht zu uns ...

... er versucht es zumindest, oft verzweifelt. Nur wir hören ihm nicht zu, machen genau so weiter wie vorher, ignorieren die Zeichen und wundern uns dann, wenn es schlimmer wird. Der Körper ist klug und weiß genau, was er braucht.

Wir müssen uns nur auf seine Sprache einlassen und versuchen, mit ihm zusammenzuarbeiten. Wir bestehen nun mal aus Körper, Geist und Seele. Die alle wollen verstanden werden. Geht es dem einen Teil nicht gut, leidet auch der andere.

Beispiel des Marathonläufers: Seine dauernden Muskelzerrungen, Achillessehnenentzündungen haben ihm klar gezeigt: Hey, das ist zu viel, ich, dein Körper kann das was, du willst, nicht leisten, denn bei mir stimmt etwas nicht. Das ist eine absolute Überlastung und kann schlimm enden. Deshalb: Bleib stehen, bevor Schlimmeres passiert. Nachdem der Bluttest da war, hat auch der Patient die Sprache seines Körpers verstanden.

Das Homocystein, die Blutfette (Triglyceride) und der Blutdruck waren viel zu hoch. Diese Werte hätten schon einem Nichtsportler einen Schlaganfall oder Herzinfarkt bereiten können, ganz zu schweigen davon, was bei einem Marathon passieren kann. Jetzt war ihm auch klar, warum er trotz Training nicht abnahm, sein Körper dauernd schmerzte und es ihm dadurch psychisch auch nicht gut ging, vorher grübelte er ja dauernd darüber, was mit ihm los sei.

Die sofortige Konsequenz der Blutuntersuchung war: Ernährung umstellen nach den Kriterien Harmonja. Ein Heilpraktiker verschrieb ihm Synervit und Omega-3-Fettsäuren in Form von Fischöl. Die Achillessehne wurde mit Physiotherapie behandelt. Siehe Feedback, unter Patientengeschichten Fall 6.

Die Zeichen des Körpers können vielfältig sein. Von Schmerzen über Herz-Kreislauf-Erkrankungen, von Schlafstörungen bis zur totalen Erschöpfung, von physischen Beschwerden aller Art bis zu psychischen Symptomen.

So sind Kopfschmerzen oft „nur“ ein Zeichen für zu wenig Zucker oder Wasser, das heißt wir haben zu wenig getrunken oder zu viele Kohlenhydrate gegessen und haben einen niedrigen Blutzuckerspiegel. Auch bei Rückenschmerzen kann es sich um lokalen Durstschmerz handeln oder auch um zu viel Insulin.

Man muss nur ganz genau fragen, dann kann man fast immer eine Analogie zum Ess-, Trink-, oder Bewegungsverhalten feststellen. Wird dieses Verhalten dann verändert oder modifiziert, verschwinden meist auch die Beschwerden, oder sie werden so unterstützt, dass andere Behandlungsmethoden greifen können. Einen Versuch ist es wert.

9. Probleme sehen und lösen

- Eiweißverzehr bei jeder Mahlzeit – Problem und Lösung
- Süße Verführung
- Wenn Sie weiteressen wollen wie bisher – gibt es auch eine Lösung !

Eiweißverzehr bei jeder Mahlzeit.

Das Problem. Aufgrund der vielen positiven Patientenreaktionen möchte ich Ihnen Folgendes nicht vorenthalten, betreffend Eiweißlinge und Eiweißpulver: Zwar ist es für die Patienten einleuchtend, zu jeder Mahlzeit Eiweiß zu verzehren, und sie berichten auch über deutlich positive Veränderungen, aber trotzdem ...

Beispiel Obst. ... Es ist nicht jedermanns Sache, schon morgens gutes Eiweiß zu sich zu nehmen. Sprich Putenbrust, Fisch oder auch Quark in ausreichender Menge. Viele Patienten sagen, sie möchten morgens lieber nur Obst essen. Was dafür spricht ist, dass Obst wertvolle Vitamine, Ballaststoffe und für das Gehirn guten Zucker liefert, da es zu den guten Kohlenhydraten zählt. Was dagegen spricht ist, dass Obstverzehr Insulin ausschüttet, ohne den Gegenspieler Glukagon, und dadurch der Blutzuckerspiegel aus seinem Gleichgewicht gebracht wird. Das heißt, es fehlt Eiweiß.

Beispiel Müsli: Auch hier haben viele Patienten gesagt, sie möchten nicht ohne ihr geliebtes Müsli aus dem Haus. Müssen sie auch nicht. Obwohl hier auch zum Blutzuckergleichgewicht Eiweiß fehlt. Milch ist kein direkter Eiweißlieferant, denn sie besteht zu 50 % aus Kohlenhydraten – und ist daher als neutral anzusehen.

Die Lösung, die sich bei allen am besten bewährt hat, ist, dass Sie zu Ihrem Müsli oder Obst Eiweiß dazukombinieren in Form von:

1. *Eiweißling (wichtig ist, ein Produkt zu haben, das eine 99%ige Ausnutzung hat)*
2. *Eiweißpulver aus Soja oder Reis (Nachteil: schmeckt bitter, da ohne Süßstoff)*

Es sei noch mal erwähnt, dass es sich bei beiden Produkten um reine Naturerzeugnisse handelt, keine Medikamente, einfach reines Eiweiß, gewonnen einmal aus Hülsenfrüchten, einmal aus Soja oder Reis. Sie zählen zu den Nahrungsergänzungsmitteln. Bezugsadresse im Anhang.

Anwendung der Produkte: Nehmen Sie vor oder gleichzeitig zu Ihrer Kohlenhydratmahlzeit (Obst, Müsli) 3 Eiweißlinge mit etwas Wasser ein. Oder mischen Sie sich einen Eiweißdrink mit 11 g Pulver mit Wasser oder geben Sie es direkt ins Essen. Zum Beispiel unter das Müsli rühren. Beinhaltet Ihr Frühstück etwas Eiweiß, z.B. Quark, nehmen Sie nur 2 Eiweißlinge oder 8 g Pulver. Bitte verwenden Sie bei den Eiweißpulvern auch nur reine Produkte, denen keine Süßstoffe zugefügt wurden. Siehe Kapitel Süßstoffe.

Was passiert bei einem reinen Kohlenhydratfrühstück? Wenn Sie ein reines Kohlenhydratfrühstück in Form von Müsli zu sich nehmen, passiert Folgendes: Der Körper wird blitzartig überschwemmt von einer großen Zuckerflut, schüttet unverhältnismäßig viel Insulin aus, was den Blutzucker immens senkt. Die Folgen, die bald spürbar sind, ca. nach 1–3 Stunden sind große Müdigkeit, Konzentrationsschwäche und Heißhunger auf Süßes oder einfach großer Hunger.

Bei Obst passiert im Prinzip dasselbe, nur nicht ganz so geballt, da Fruchtzucker langsamer ins Blut kommt und daher die Insulinausschüttung nicht so groß ist. Trotzdem bewirkt auch der Verzehr von Obst einen Blutzuckerabfall, der zu oben genannten Erscheinungen führt.

Was habe ich davon, wenn ich Eiweiß dazu kombiniere? Kombinieren Sie Eiweiß dazu, fallen diese negativen Folgeerscheinungen aus, denn durch den Verzehr von Eiweiß wird das Hormon Glukagon gebildet, der Gegenspieler von Insulin, und die Folge davon ist: Der Blutzuckerspiegel wird konstant gehalten. Sie werden nicht müde, können sich konzentrieren und erliegen nicht irgendeinem unkontrollierten Heißhungerflash, indem Sie zu den nächstliegenden Süßigkeiten greifen, die dasselbe Spiel von vorne wieder beginnen lassen: Zucker rein, Insulin hoch, Blutzucker runter, Hunger ... Sie kennen das ja jetzt schon. Sie sind ja schon Profi.

Zusammenfassung:

Sie können alles essen, solange Sie wissen, welche Nahrungsmittel zu den Kohlenhydraten und welche zu den Eiweißen zählen. Kombinieren Sie diese, hat das zur Folge, dass Ihr Blutzuckerspiegel konstant gehalten wird, mit allen seinen positiven Erscheinungen. Zur Erinnerung nenne ich noch mal einige positive Erscheinungen. Sie sind:

1. satt
2. wach
3. konzentriert
4. motiviert
5. zu Höchstleistungen fähig
6. einfach körperlich und geistig auf Ihrem besten Niveau.

Das sind die Folgen, die Sie direkt zu spüren bekommen. Die langfristigen Folgen sind ein unbeschwerteres, von weniger Pein geplagtes Leben zu führen und sich wohler zu fühlen. Sie haben es in der Hand. Sie können selbst entscheiden.

Süße Verführung

Überall lauert sie, die süße Verführung. Ob beim Bäcker, im Supermarkt oder an der Tankstelle. Überall liegen die nett verpackten, bunten Schachteln, Riegel, Tüten oder sonstiges herum und locken oder quälen uns mit ihrem Anblick. Süßes essen kann ein Genuss sein – oder eine Qual.

Erst der Genuss ... Wer kennt das nicht, besser gesagt: Welche Frau kennt das nicht: die ruhige Befriedigung nach einer Tafel Schokolade?! Frauen sind von dieser Serotoninsucht öfter befallen als Männer, denn Frauen brauchen eine höhere Dosis Serotonin, damit sie die beruhigende, befriedigende, euphorisierende Wirkung verspüren.

Mittlerweile wissen Sie jetzt schon, was passiert, wenn man kräftig in die Süßigkeitenkiste gegriffen hat. Zugegeben, das glücklich machende Serotonin schießt ein, aber auch das Insulin mit allen seinen negativen Folgen. Und dann, nach 2–3 Stunden ist der Blutzucker im Keller, und was macht das Gehirn? Es schreit nach ZUCKER!

... dann die Qual. So, und da kann Süßes dann zu Qual werden, denn Sie werden quasi gezwungen, wieder was Süßes nachzuschieben, damit das Gehirn weiterarbeitet. Die Qual kann verschieden aussehen:

1. *Sie haben ein schlechtes Gewissen.*
2. *Sie wollten gar nichts mehr essen und sind sauer und enttäuscht, weil Sie es doch wieder getan haben.*
3. *Dabei haben Sie sich doch gestern fest versprochen, heute keine Süßigkeiten zu essen.*
4. *Sie werden immer dicker.*
5. *Sie sind müde, können sich nicht konzentrieren.*
6. *Sie sind lustlos oder aggressiv.*
7. *Sie fühlen sich körperlich und geistig einfach nicht in Topform.*

Was ist passiert? Sie befinden sich in der Kohlenhydratfalle – und das ist eine Qual, denn wie das Wort schon sagt, ist es eine Falle und in einer Falle zu sitzen macht unfrei und lähmt uns.

Was ist zu tun? Wenn Sie sich in dem Zustand der Kohlenhydratfalle befinden, das heißt, wenn Sie seit langer Zeit jeden oder fast jeden Tag Süßes essen, dann heißt das für Sie erst mal: Fangen Sie an Wasser zu trinken, und

bewegen Sie sich, und ernähren Sie sich nach den Kriterien von Harmonja, denn dort ist eine Insulinkontrolle gewährleistet, die von entscheidender Wichtigkeit ist, um von Ihrer Zuckersucht loszukommen!!! Sie werden merken, dass der Heißhunger nachlässt.

Sie werden nach 3–4 Tagen eine erstaunliche Wirkung erzielen:

1. Sie werden von Ihren Bedürfnissen nicht mehr so ferngesteuert sein.

2. Sie können freier entscheiden, was und wann Sie essen, da Ihr Unterzucker nicht mehr der Chef ist, sondern Sie.

3. Sie fühlen sich körperlich und geistig leichter, beweglicher, wacher, konzentrierter.

4. Viele Alltagsdinge gehen Ihnen leichter von der Hand.

5. Sie haben zu den Hauptmahlzeiten angenehmen Hunger und fühlen sich nicht schon von der nachmittäglichen Schokolade „total voll".

6. Der Gang auf die Waage fängt an, Spaß zu machen – das motiviert weiterzumachen.

Es können noch viel mehr Dinge mit Ihnen geschehen. Probieren Sie es aus!!! Es soll hier nicht heißen: Nie mehr Süßes essen! Wenn Sie sich nicht mehr „in der Falle" befinden oder sich vielleicht noch nie darin befunden haben, dann heißt das für die Zukunft: Dosieren Sie Süßes wie Gift.

Leider konnte ich auch nach jahrelangen Recherchen nichts finden, was dafür spricht, regelmäßig Süßes zu essen. Es ist nur für den Moment gut, also für den Moment der Hormonausschüttung. Die lässt schnell nach – und dann: haben wir einen niedrigen Blutzucker mit allen negativen Folgen.

Nur die 20 % der Menschen, die von ihren Genen geküsst wurden, merken nicht so viel von dieser Wirkung, sie reagieren nicht mit einem hohen Insulinausschlag. Bei den 80 %, dem Rest, gibt es nichts schönzureden: Zucker schadet uns körperlich und geistig – und er kann uns krank machen. Zucker bringt uns überhaupt keine Vorteile – außer in der Zeit des Genusses! Und die ist kurz.

Der Genuss. Da unser Leben genussvoll bleiben soll, auch wenn man sich gut ernährt, ist es anzuraten, darauf zu schauen, welche Süßigkeiten wir zu uns nehmen.

Es gibt solche, die uns mehr schaden, und solche, die uns nicht so schaden. Das liegt am unterschiedlichen Zucker- und Fettgehalt. Auch ist bei dem Verzehr von Süßem auf die Kombination von Eiweiß und Kohlenhydrate zu achten. Da es sich bei Süßem immer um Kohlenhydrate handelt, sollte wegen des Zuckers immer ein Eiweiß dazukombiniert werden, um nicht aus dem Gleichgewicht zu kommen.

Da es sich nicht anbietet, zu Bitterschokolade Putenbrust oder ein kleines Schnitzel zu essen, bleiben uns Quark, Hüttenkäse oder ein bis zwei Eiweißlinge. Oder Sie haben kein Eiweiß zur Hand und bringen sich mit der nächsten Mahlzeit wieder in Ihr Gleichgewicht. Denn Sie wissen ja: Sie können sich bei einer Mahlzeit aus und bei der nächsten wieder in Ihr Gleichgewicht bringen.

Süßigkeiten, die vorzuziehen sind:

1. *Bitterschokolade mit einem Kakaogehalt von mindestens 70 %. Sie hat weniger Zucker und macht trotzdem glücklich, da der Kakao eine Serotoninausschüttung bewirkt.*
2. *Gummibärchen aus dem Bioladen. Diese haben auch weniger Zucker und kaum Fett.*
3. *Bei Kuchen immer daran denken, dass es auch hier wichtig ist, immer auf die Kombination von Eiweiß und Kohlenhydraten zu achten. Also ist Käsekuchen z.B. besser als Hefezopf. Den Kuchen am besten immer selber backen, dann können Sie Fruchtzucker (dieser süßt sehr, und Sie brauchen nur 1/2 der Menge weißen Haushaltszuckers) und Vollkornmehl verwenden.*
4. *Toller Nachtisch: Mischen Sie fettarmen Quark, fettarmen Frischkäse und Himbeeren mit etwas Fruchtzucker. Das ist eine köstliche, ausgeglichene Kombination von Eiweiß (in Quark und Frischkäse), Kohlenhydraten (in den Himbeeren) und Fett (im Frischkäse).*
5. *Quark mit Früchten.*

Auch Süßes sollte mit Eiweiß ausgeglichen werden. Das heißt: Wenn Sie auch hier Ihr Wissen von der klugen Kombination von Eiweißen und Kohlenhydraten einsetzen, dann bringt Sie der Genuss von etwas Süßem nicht aus dem Gleichgewicht. Auch gilt: Die Dosis macht das Gift. Genießen Sie kleine Mengen und das nicht jeden Tag.

Wenn Sie eingeladen sind und es Kuchen gibt: keine Angst und vor allem kein schlechtes Gewissen, denn ein Körper, der regelmäßig ausgeglichen ernährt wird, steckt auch mal eine Kuchenorgie weg. Bei der nächsten Mahlzeit können Sie sich wieder in Ihr Gleichgewicht bringen.

Ein schlechtes Gewissen macht dick – gezielter Genuss glücklich. Lieber genießen, denn Genuss lockt Glückshormone. Ein schlechtes Gewissen macht uns Stress, lockt Stresshormone, und die machen uns dick.

Zusammenfassung:

Sie können alles in Maßen essen – die Mischung macht's. Beachten Sie auch bei Süßem, dass Sie die Kohlenhydrate mit Eiweiß ausgleichen. Noch etwas: Achten Sie mal darauf, wie es sich anfühlt, nichts Süßes zu essen, und vergleichen Sie Ihre körperliche und geistige Verfassung damit, wenn Sie wieder Süßes zu sich nehmen.

Vielleicht geht es Ihnen dann so, wie vielen meiner Klienten, dass Sie den Zustand ohne Süßes immer haben wollen, denn vielleicht fühlt sich dieser neue, ungeahnte Zustand bei Ihnen auch wesentlich besser an. Probieren Sie es aus. Man kann sich glatt daran gewöhnen – dass es einem gut geht. Genauso kann man sich aber auch dran gewöhnen, dass es einem schlecht geht. Weil man einfach nicht weiß, warum – und wie man es besser machen kann.

Wenn Sie weiteressen wollen wie bisher.

Können Sie trotzdem etwas Gutes für sich tun.

Wenn Sie nach dem Lesen dieses Buches zu dem Entschluss kommen, dass es momentan nicht die Zeit ist, Ihre Ernährung umzustellen, oder wenn Sie denken: „Wie bring ich das bloß meinem Mann oder den Kindern bei“, dann gibt es für Sie eine andere Lösung. Sozusagen, einen ersten Schritt, den Sie tun können, ohne Ihre Gewohnheiten umzustellen.

Vorher noch etwas zu Erinnerung: Wie Sie im Laufe dieses Buches gesehen haben, ist es für Ihre Gesundheit, Ihr Wohlbefinden, Ihre Figur und für Ihre Schmerzfreiheit wichtig, mehr gute als schlechte Eicosanoide zu bilden. Die zwei Faktoren, die dafür nötig sind, um mehr gute Eicos zu bilden, sind:

1. der Verzehr von guten Fetten und
2. ein konstanter Blutzuckerspiegel.

Wenn Sie weiter essen wollen wie bisher, können Sie mit dem ersten gangbaren Schritt beginnen, der noch nicht die bestmögliche Lösung für Sie darstellt, aber auch schon viel bewirkt auf Ihrem Weg dahin. Der erste Schritt ist, dass Sie die beiden Faktoren für gute Eicos als Nahrungsergänzungsmittel einnehmen:

1. Für die guten Fette nehmen Sie Omega-3-Fettsäuren in Form von Fischöl ein.

2. Für einen konstanten Blutzuckerspiegel kombinieren Sie zu Ihren Mahlzeiten 1–3 Eiweißlinge dazu.

So ist gewährleistet, dass Sie genug gute Fette und einen konstanteren Blutzucker haben, um gute Eicos bilden zu können. Leider schützen auch diese Maßnahmen nicht gegen Völlerei oder Kohlenhydrat-/Zuckerorgien. Die beste Voraussetzung dafür ist, dass Sie sich nach den gängigen Ernährungsregeln „gesund“ ernähren.

Wenn es mal einen Schweinebraten mit Knödel gibt, was ja per se nichts Schlechtes ist, dann ist es von großem Vorteil, Eiweißlinge dazuzunehmen, denn wie Sie gelesen haben, verhindert das Fett im Braten die Aufnahme des Eiweißes. Sie haben, wenn Sie Eiweißlinge dazunehmen, ausreichend Eiweiß zur Verfügung und kommen nicht aus Ihrem Gleichgewicht, denn der Blutzucker bleibt konstant.

Genauso verhält es sich auch, wenn Sie ein reines Kohlenhydratessen verzehren, auch dann ist es für Sie empfehlenswert, mit Eiweiß auszugleichen. Besonders gut haben sich die Eiweißlinge auch bei Vegetariern bewährt, denn Vegetarier müssen besonders auf den Ausgleich mit Eiweiß achten. Die Eiweißlinge werden aus Hülsenfrüchten gewonnen und sind daher auch bei Vegetariern sehr beliebt. Wichtig ist bei den Eiweißlingen, dass sie eine 99%-ige Ausnutzung haben. Bei einer niedrigeren Konzentration müssten Sie, um die nötige Menge an Eiweiß zu bekommen, z.B. 12 Stück nehmen. Bei einer 99 % igen Ausnutzung reichen 3 Stück.

Ihr Körper wird es Ihnen danken – und Sie haben etwas davon. Durch die Einnahme der beiden Nahrungsergänzungen, ein bisschen mehr Bewegung und ausreichendes Trinken wird Ihr Körper bei seinen Stoffwechselvorgängen unterstützt.

10. Blutuntersuchung

- Homocystein
- Triglyceride
- Gesamteiweiß
- Vitamin-B-Komplex

Blutuntersuchung

Die nun folgenden Hinweise zu Blutuntersuchungen, Fragebögen für die Erstellung von möglichen Diagnosen und Therapievorschläge habe ich für Homocystein und Triglyceride aus der Buchquelle „Die sieben Revolutionen der Medizin“ von Uwe Karstätt (Heilpraktiker). Die Aussagen über Gesamteiweiß und Vitamin B aus „Die Diät“ von Dr. Ulrich Strunz.

Ich halte diese Aussagen für sehr fundiert und wichtig und habe damit gute Erfahrungen gemacht. Für mich selber wie auch für meine Patienten. Alle hier folgenden Hinweise ersetzen keine ärztlichen Behandlungsmethoden oder Medikamente.

Wenn Sie gesundheitliche Probleme haben, egal in welcher Form, ob Bluthochdruck, chronische Schmerzen oder Übergewicht, ist es anzuraten, neben den sonst normalen Blutwerten folgende Werte mitbestimmen zu lassen. Besprechen Sie das bitte mit Ihrem Arzt.

1. *Homocystein*
2. *Triglyceride*
3. *Gesamteiweiß*
4. *Vitamin-B-Komplex.*

Haben Sie keine Beschwerden, ist es anzuraten, jedes Jahr eine Blutuntersuchung zu machen, um jede Veränderung sofort angehen zu können.

Homocystein

Homocystein ist eine Aminosäure, die als zuverlässiger Indikator für eine ganze Reihe von Krankheiten gilt, die unsere zivilisierte Gesellschaft in Gestalt von modernen Seuchen heimsucht.

Dazu zählen:

- *alle Herz-Kreislauf-Erkrankungen (Arteriosklerose, Hypertonie, Verengung der Gefäße)*
- *chronische Schmerzen*
- *Arthritis*
- *Migräne*
- *Verdauungsprobleme*
- *Erektionsstörungen*
- *Depression*
- *Diabetes*
- *Krebs*
- *Schlaganfall*
- *Herzinfarkt*
- *Alzheimer (Demenz).*

Der Homocysteinwert ist erhöht ab einem Wert von über 8 µmol/l Blut. Obwohl der Zusammenhang von hohem Homocysteinwert und den oben genannten Krankheiten gesichert ist, wird dieser immer noch zu wenig untersucht.

Noch immer herrscht in vielen Arztpraxen der Irrglaube, dass der Cholesterinwert der wichtigere und aussagekräftigere sei, was leider nicht stimmt, denn bei jahrelangen, mehrfachen Untersuchungen kam heraus, dass Schlaganfall- und Herzinfarktpatienten zu 50 % keine erhöhten Cholesterinspiegel aufwiesen, aber zu 100 % einen hohen Hcy-Wert.

Diese Leiden müssten nicht sein, wenn jeder seinen Hcy-Wert kennen würde und damit umgeht. Die Behandlung ist sehr einfach, denn bei Homocystein handelt es sich um eine für den Körper giftige Substanz, die aufgrund des Fehlens bestimmter Vitamine nicht gespalten werden kann.

Es handelt sich hier um Vitamin B6, B12 und Folsäure. Diese Vitamine sind in der Lage, das Homocystein zu spalten – wenn sie in genügender Menge vorhanden sind. Ist das Homocystein dann gespalten, ist es uns von großem

Nutzen, denn das eine Spaltprodukt ist ein starker Entgifter und ein Antioxidans, das andere wirkt gegen Depression, Arthritis und schützt die Leber. Homocystein hat Auswirkungen auf:

- *Alterungsprozess*
- *Arterien*
- *Immunsystem*
- *Gehirnfunktion und IQ*
- *Schmerz*
- *Entzündung*
- *Verklumpung*
- *Anfälligkeit für Tumoren*
- *Entgiftung*
- *Hormonbalance.*

Behandlung des zu hohen Hcy-Werts mit Synervit. Die Behandlung eines zu hohen Hcy-Werts ist einfach, denn es wurde speziell dafür eine Kapsel entwickelt, die in der richtigen Kombination von Vitamin B6, B12 und Folsäure den Homocysteinwert zuverlässig senkt.

Dieses Produkt heißt Synervit und ist in dieser Kombination der drei Vitamine das einzige auf dem deutschen Markt. In Österreich ist es nicht erhältlich, wie mir ein Patient gerade mitteilte. Zusammensetzung von Synervit:

- *1 Milligramm Folsäure*
- *100 Milligramm B6*
- *1 Milligramm B12.*

Andere auf dem Markt angebotene Produkte mit anderen Mengen der drei Vitamine können leider paradoxe Wirkung haben, d.h. sie können den Homocysteinwert erhöhen, schreibt Uwe Karstätt.

Natürlich ist es damit nicht getan, denn die Umstände (Lebensumstände), unter denen der Wert zu hoch ist, muss man genau anschauen und verändern.

Es gilt zu fragen:

- *Sind Sie über 40?*
- *Schwanger?*
- *Trinken Sie regelmäßig Alkohol?*
- *Trinken Sie viel Alkohol?*
- *Rauchen Sie?*
- *Sind Sie oft aggressiv oder ärgerlich?*
- *Unterdrücken Sie Frustration?*
- *Trinken Sie viel Kaffee, schwarzen Tee, Cola?*
- *Sind Sie Vegetarier?*
- *Essen Sie viel rotes Fleisch?*
- *Essen Sie viel Kochsalz?*
- *Haben Sie wenig Bewegung?*
- *Haben Sie eine diagnostizierte Erkrankung (Bluthochdruck, Diabetes oder andere)?*

Je mehr Sie von diese Fragen mit Ja beantworten können, desto wahrscheinlicher ist es, dass Ihr Hcy-Wert erhöht ist. Es lohnt sich, ihn messen zu lassen, denn auch die Höhe spielt eine wichtige Rolle, um danach adäquat handeln zu können.

Bitten Sie Ihren Arzt, Ihren Homocysteinwert zu messen, und wenn dieser höher als 8 µmol/l Blut ist, handeln Sie.

Triglyceride

Triglyceride sind Neutralfette, die einerseits von außen durch die Nahrung durch tierisches Fett zugeführt und andererseits im Körper selbst aus Alkohol und Kohlenhydraten wie Obst, Zucker, Weißmehl synthetisiert werden. Aufgabe der Triglyceride ist Energiebereitstellung.

Da Fett sich schlecht mit Wasser verbindet, müssen die Triglyceride sich im Blut an Transportmittel binden, damit sie weiterbefördert werden. Sie binden sich an Lipoproteine (Cholesterin HDL und LDL). Triglyceriderhöhung: Risiko ab einem Wert von über 150 mg/dl Blut. Ursachen:

- *übermäßige Zufuhr tierischer Fette*
- *übermäßiger Alkoholkonsum*
- *Rauchen*
- *familiäre und soziale Faktoren*
- *Fettstoffwechselstörungen.*

Höheres Risiko für folgende Erkrankungen:

- *Herzinfarkt*
- *Schlaganfall*
- *Diabetes Typ 2 durch Hyperinsulismus und Insulinresistenz*
- *Arteriosklerose.*

Bei einem erhöhten Triglyceridwert wird dringend angeraten, folgende Lebensmittel zu meiden, bis der Wert wieder in seinem Normbereich ist:

- *Alkohol*
- *tierische Fette (kaum)*
- *Zucker*
- *Weißmehl*
- *Süßstoffe*
- *Obst, außer Beeren*
- *Tomaten, Tomatensoße, Ketchup*
- *Obstsäfte*
- *Sonnenblumenöl*
- *Maiskeimöl*
- *Distelöl.*

Ernährungs- und Verhaltensempfehlungen:

- *Verzicht auf die oben genannten Lebens- und Genussmittel bis zu einer erneuten Blutuntersuchung nach 4–6 Wochen*
- *Fischöl plus Vitamin E und C*
- *täglich Bewegung, mind. 1/2 Std. strammes Gehen, Nordic Walking oder Joggen*
- *viele Sojaprodukte*
- *ballaststoffreiche Ernährung, Vollkornprodukte, Beeren.*

Gesamteiweiß

Ein Wert von 8 g/dl Blut ist gut für Sie. Wie Sie schon im Kapitel Eiweiß sehen konnten, ist Eiweiß nach Wasser der Hauptbestandteil unseres Körpers. Die Voraussetzung dafür, dass alle Stoffwechselabläufe im Körper reibungslos funktionieren, ist, dass genug Enzyme, Hormone, Vitamine und vieles mehr gebildet werden können.

Da diese alle aus Eiweiß bestehen, brauchen wir ausreichend Eiweiß aus der Nahrung. Das heißt, wir müssen nicht nur ausreichend Eiweiß aus der Nahrung bekommen, wir müssen es auch aufspalten können. Ob dies gewährleistet ist, kann im Blut nachgemessen werden. Eine ausreichende Eiweißversorgung mit allen positiven Begleiterscheinungen, wie z.B. ein optimal funktionierender Stoffwechsel, ist gewährleistet bei einem Wert von 8 g/dl Blut.

Bei jedem Wert, der darunter liegt, kann der Körper nicht genügend Wachstumshormone bilden, das Immunsystem wird schwach. Erst ab einem Wert von 8g/dl Blut kommen Sie so richtig in Fahrt, sind schlank, leistungsstark, potent und gesund.

Vitamin-B-Komplex

Die Gruppe der B-Vitamine ist hauptverantwortlich dafür, ob wir Eiweiß aus der Nahrung aufspalten können oder nicht. Die B-Vitamine sind am Proteinstoffwechsel beteiligt, indem sie die Eiweißbausteine in die Muskeln einbauen. Haben wir zu wenig dieser wertvollen Vitamine, können wir so viel Eiweiß essen, wie wir wollen – wir können es nicht verwerten.

Vergessen wird oft, dass Folsäure auch zu den B-Vitaminen gehört. Folsäuremangel führt zu Blutarmut, kann zu Frühgeburten in der Schwangerschaft führen und vor allem: Ein Mangel an Folsäure erhöht den Homocysteinwert und erhöht das Risiko für Herz-Kreislauf-Erkrankungen um ein Vielfaches. Die Werte der einzelnen B-Vitamine werden hier nicht einzeln aufgezählt. Die hat Ihr Arzt auf seinem Blutuntersuchungszettel.

Hinweis:
Die hier genannten Empfehlungen sollten Sie mit Ihrem Arzt oder Heilpraktiker besprechen und gegebenenfalls gemeinsam mit ihm/ihr eine geeignete Therapie erarbeiten.

11. Hormone

Hormone, die glücklich, sexy, gesund und schlank machen.

- **Serotonin**
- **Endorphine**
- **Somatotropin**
- **Schilddrüsenhormone**
- **Testosteron**
- **Östrogen**
- **DHEA**

Hormone, die uns glücklich, sexy, gesund und schlank machen.

Es gibt geschätzte 4.000 - 6.000 Hormone. 400 Hormone sind uns bekannt, 50 davon sind erforscht. Da ich hier keinen Hormonratgeber schreibe und ich Sie auch auf keinen Fall langweilen möchte, schreibe ich über die Hormone, die für Sie wichtig sind – für körperliche und geistige Maximalkraft, für Glück, guten Sex, Zufriedenheit und Gesundheit. Und vor allem schreibe ich über die Hormone, die Sie auch selbst positiv beeinflussen können. Durch Nahrung und Bewegung, durch Gedanken, Taten und Gefühle. Bis jetzt wissen Sie schon Bescheid über:

1. Eicosanoide

Die Häuptlingshormone unseres Körpers, die guten Eicos, die uns gesund, schlank und glücklich machen. Sie werden gebildet bei einem konstanten Blutzuckerspiegel und durch den Verzehr von guten Fetten.

2. Insulin

Das Hormon, das den Blutzuckerspiegel konstant hält. Je mehr Zucker, sprich Kohlenhydrate, wir essen, desto höher die Insulinausschüttung. Das ist schlecht, denn dann sinkt der Blutzuckerspiegel zu sehr und wir bekommen Heißhunger auf Süßes. Insulin ist ein Speicherhormon, das heißt, es macht dick und sorgt dafür, dass das auch so bleibt.

3.Glukagon

Glukagon ist der Gegenspieler vom Insulin, wird beim Verzehr von Eiweiß ausgeschüttet, verhindert dadurch eine zu hohe Insulinausschüttung und hält den Blutzucker konstant. Glukagon ist verantwortlich für die Versorgung des Gehirns mit Zucker.

4. Serotonin

Serotonin macht satt und glücklich. Es ist ein Glücksbotenstoff, der sich im synaptischen Spalt in den Nervenzellen des Gehirns befindet. Haben wir genug davon, sind wir satt und zufrieden. Mangelt es uns an Serotonin, sind wir müde, gereizt, antriebslos, lustlos, depressiv.

Der Körper bildet Serotonin mit der Aminosäure Tryptophan. Tryptophan wird mit Hilfe von Insulin von den anderen Aminosäuren getrennt und kann so ins Gehirn kommen. Die anderen Aminosäuren gehen in die Muskeln. Befindet sich das Tryptophan dann im Gehirn, wird daraus das Serotonin gebildet.

Serotonin kann man sich selber machen, auch ohne Medikamente, nämlich durch:

1. *Joggen oder Bewegung an der frischen Luft und im Sonnenlicht, zumindest Tageslicht, um Winterdepression nicht aufkommen zu lassen. Also mal raus aus der Bude ...*
2. *Verzehr von fettarmem Eiweiß und Obst, denn im Eiweiß sind die Aminosäuren und Obst produziert Insulin, das gebraucht wird, um das Tryptophan aus dem Aminosäurenverbund herauszulösen*
3. *Sex*
4. *Verzehr von Schokolade. Ein paar Minuten Serotonin im synaptischen Spalt – eine Ewigkeit als Speck auf den Hüften.*

5. Endorphine

Endorphine durchfluten den Körper mit Glück und beseitigen Schmerzen. Endorphine sind unsere körpereigenen Drogen, die in Extremsituationen vom Körper ausgeschüttet werden.

Wirkung der Endorphine:

- *Sie schärfen die Wahrnehmung,*
- *wirken schmerzhemmend,*
- *beruhigen und sind angstlösend,*
- *versetzen uns in eine wohlige, glückliche Stimmung bis hin zur Ekstase,*
- *sie stärken unsere Abwehrkräfte.*

Es sind Gute-Laune-Botenstoffe der Nerven, die die Schmerzempfindlichkeit deutlich senken. Das heißt, gute Laune und Schmerzfreiheit kann man sich selber machen. Endorphine werden ausgeschüttet:

- *beim Joggen (Endorphinrausch durchs Joggen, der so genannte Runners High). Wer mehrmals die Woche für mindestens 30 Minuten joggt oder walkt, wird durch ein Gefühl von Unbeschwertheit und Leichtigkeit belohnt. Sie werden von einer Flut von Endorphinen überschüttet. Sind Sie erst mal auf dieser „Droge", bekommen Sie Entzugserscheinungen, wenn Sie mal nicht zum Joggen kommen, z.B. durch Krankheit oder anderes.*
- *durch Verzehr von Obst und Gemüse – diese Lebensmittel produzieren auch Endorphine, vor allem Paprika, mit dem Scharfstoff Capsaicin*
- *durch Verzehr von fettarmem Eiweiß, denn auch dieses Hormon wird aus Aminosäuren gebildet*
- *durch guten, erfüllenden Sex*
- *Auch der Verzehr von Schokolade hat Endorphinausschüttung zur Folge, doch verschafft diese nur ein kurzes Glücksgefühl – die Pfunde bleiben.*

Bei Menschen mit folgenden Beschwerden ist Joggen oder Bewegung ein absolutes Muss, denn sie haben einen Endorphinmangel:

- *chronische Müdigkeit*
- *Angstzustände*
- *Panikattacken.*

6. Somatotropin – Wachstumshormon

Somatotropin repariert unsere Zellen und macht uns jung. Es ist das Hormon, das in Arztpraxen am häufigsten gespritzt wird. Die Königin unter allen Hormonen. So viele Fähigkeiten hat kein anderes Hormon.

- *Somatotropin reguliert das Wachstum und die Regeneration aller Zellen.*
- *Es fördert den Einbau von Eiweißen in die Zellen.*
- *Es stimuliert die Zellen für das Abwehrsystem (Interleukine, Thymuszelle und Makrophagen).*
- *Es verbrennt Fett, macht schlank. Ist die stärkste fettverbrennende Substanz im Körper.*
- *Es macht glatte Haut, denn es verbessert durch den Einbau von Eiweiß in der mittleren Hautschicht die Festigkeit des Gewebes.*
- *Es vermehrt die Anzahl der Muskelzellen.*
- *Es repariert Knochen und Organe.*
- *Es ist das beste und effektivste Dopingmittel, baut super Muskeln.*
- *Es macht schlau, da es die Eiweißsynthese im Hirn stimuliert.*
- *Es verjüngt uns.*

Der Jungbrunnen unter den Hormonen. Wer viel davon hat – hat es gut, der ist schlank und sieht gut aus und hat Lust – am Leben und am Sex. Wer wenig davon hat, neigt dazu, dick zu werden, oder ist es schon, hat Falten und keine Lust – und muss es sich halt selber machen. Das Wachstumshormon. Ab dem 30. Lebensjahr lässt die Produktion nach – ab dem 60. haben wir kaum mehr eine. Da muss man nachhelfen, denn sonst fühlt man sich alt.
Das Wachstumshormon selber machen:

- *fettarmes Eiweiß essen, denn das Hormon besteht aus einer Kette von Aminosäuren*
- *leichtes Krafttraining, machen Sie höchstens eine Minute Pause; in der Pause wird Wachstumshormon ausgeschüttet*
- *joggen, walken, laufen.*

Das Wachstumshormon hat nachts seine stärkste Wirkung. Es kann uns alt werden lassen oder uns verjüngen. Wenn wir nachts schlafen, hat das Hormon die Aufgabe, uns zu reparieren und zu regenerieren. Die Voraussetzung, dass das Hormon vermehrt ausgeschüttet wird und seiner Arbeit nachgehen kann ist, dass der Insulinspiegel nicht hoch ist.

Das heißt, wenn Sie abends viele schlechte Kohlenhydrate zu sich nehmen und der Insulinspiegel hochschnellt, kann das Hormon nicht in voller Menge ausgeschüttet werden und dadurch auch nicht volle Arbeit leisten. Wir werden nicht repariert und nicht regeneriert. Wie werden langsam spürbar und sichtbar alt.

Wählen Sie hingegen Ihr Abendessen so, dass Sie ein fettarmes Eiweiß mit Kohlenhydraten kombinieren, kann das Hormon volle Arbeit leisten und so den Alterungsprozess verlangsamen. Wir fühlen uns morgens jung und sehen auch so aus.

7. Dopamin

Schlüssel für ein glückliches und bewegtes Leben. Dopamin ist ein Botenstoff im Nervensystem, der für seelische und körperliche Aktivität sorgt, sozusagen der Schlüssel für ein glückliches und bewegtes Leben. Es ist ein mit Vorsicht zu sehendes Hormon, denn wenn wir zu wenig davon haben, schadet das uns sehr oder macht krank (Parkinson).

Aber auch ein Zuviel hat verheerende Folgen. Es macht uns verrückt, denn normalerweise registrieren wir nur 10 % von dem, was um uns herum los ist. Bei einer Überproduktion von Dopamin kommt es zu so genannten Wahrnehmungsgenies, die über 20 % dessen, was passiert, mitbekommen. Dopamin wird vermehrt ausgeschüttet bei:

- *Drogenkonsum*
- *Sex*
- *Verliebtheit.*

Nicht immer muss es bei diesen Dingen zum Zusammenbruch kommen. Aber es kann – je nach Dopaminkonzentration, also Intensität der verschiedenen Stimulanzien, starke psychische Reaktionen auslösen.

Woraus Dopamin gebildet wird. Dopamin wird aus den Aminosäuren Phenylalanin und Tyrosin hergestellt, die über die Nahrung in den Körper gelangen, denn er kann diese beiden Aminosäuren selbst nicht herstellen. Sie sind in allen Eiweißen enthalten, am meisten in der Sojabohne.

Dopamin wird gebraucht für:

- *Steigerung der körperlichen Motivation und Euphorisierung*
- *gesteigerten Antrieb*
- *Gelassenheit*
- *Immunsystem*
- *Durchblutung innerer Organe wie Niere*
- *Kraftvolle, harmonische Bewegungen.*

Dopamin kann man sich selber machen – in verträglicher Dosierung durch:

- *Verzehr von Eiweiß*
- *Bewegung*
- *Sich-eins-fühlen mit sich und der Umwelt*
- *schöne Momente*
- *Zeit für sich*
- *genussvollen Sex.*

8. Schilddrüsenhormone

Unser Stoffwechsel ist entscheidend davon abhängig, wie gut unsere Schilddrüse arbeitet, das heißt, wie viele Schilddrüsenhormone sie herstellt. Zwei Hormone sind wichtig:

1. Tyroxin – genannt T4
2. Trijodtyrosin – genannt T3.

Diese beiden Hormone werden aus Jod und der Aminosäure Tyrosin hergestellt. Tyrosin. Wenn Sie genügend gutes Eiweiß verzehren, haben Sie genug Tyrosin und können Ihren Stoffwechsel steigern.

Was ist mit Jod? Da gehen die Meinungen sehr stark auseinander. Die einen sagen, man muss unbedingt Jod als Nahrungsergänzung zuführen, die anderen sagen, kein Jod zuführen, denn wir unterliegen sozusagen schon seit vielen Jahren einer Zwangsjodierung. Seit festgestellt wurde, das unsere Böden nicht mehr genug Jod haben, wird uns in sehr viele Lebensmittel das Jod einfach reingemischt. Ob wir wollen oder nicht.

Die Ergänzung mit Jod soll einer Kropfbildung vorbeugen, obwohl es dafür keine Beweise gibt. Beweise gibt es dafür, dass wir bei Überjodierung unter folgenden Beschwerden leiden können: Herzrasen, Herzrhythmusstörungen, Depressionen und Angina pectoris, Jodakne und Morbus Basedow.

Jod ist enthalten:

- *in allen Wurstwaren, da jodiertes Salz verwendet wird*
- *überall, wo Salz drin ist, denn handelsübliches Salz wird jodiert*
- *Käse*
- *in allen Bäckereiprodukten, denn auch da wird jodiertes Salz verwendet*
- *in Milch und Milchprodukten, denn die Tiere werden zusätzlich mit Jod gefüttert*
- *in Fischen.*

Um nur mal einige Lebensmittel zu nennen, in denen Jod enthalten ist. Wenn Sie unsicher sind, dann lassen Sie doch einfach Ihren Jodwert im Blut messen. Dann sind Sie sicher. Das aktive Schilddrüsenhormon T3 sollte 2,0 bis 4,2 Pikogramm/Milliliter haben.

9. Testosteron

Testosteron ist das wichtigste männliche Sexualhormon (Androgen) und wird im Hoden produziert. Bei Frauen wird es in geringerem Maß in den Eierstöcken und der Nebenniere gebildet. Testosteron macht uns selbstsicher, angriffslustig, kreativ, aktiv, lebenslustig – sprich, es feuert unseren inneren Motor an. Zu wenig Testosteron macht müde, lustlos und depressiv. Zu viel Testosteron macht aggressiv, und eine Messung des Testosteronspiegels bei jugendlichen Straftätern hat ergeben, dass diejenigen, die wegen Gewalttaten oder kriminelle Handlungen im Gefängnis saßen, einen erhöhten Testosteronspiegel aufwiesen.

Wirkung von Testosteron bei Frauen und Männern:

- *aktiviert den Geschlechtstrieb*
- *erhöht den Muskelaufbau*
- *senkt das Cholesterin*
- *steigert den Eiweißaufbau.*

Wirkung des Testosterons bei Männern:

- *Entwicklung der Geschlechtsorgane*
- *Ausbau der typischen männlichen Merkmale wie tiefe Stimme, Haarwuchs, spezifische Fettverteilung*
- *männlicher Habitus*
- *gute Figur, ausgeprägte Muskulatur, wenig Fett.*

Wirkung des Testosterons bei Frauen:

- *steigert die Libido*
- *macht selbstsicher*
- *gute Figur, wenig Fett, kein Übergewicht*
- *bei Überproduktion führt zur Vermännlichung.*

Testosteronspiegel sollte gemessen werden bei:

- *Impotenz*
- *Entwicklungsstörungen*
- *vielen Krebsarten.*

Testosteronspiegel sinkt bei:

- *Stress*
- *Alkoholkonsum*
- *Drogenkonsum*
- *Magersucht*
- *Einnahme der „Pille“*
- *Postmenopause*
- *persönlichen Niederlagen*
- *schweren Erkrankungen.*

Machen Sie sich Ihr Testosteron selber:

- *Testosteron wird durch Gedanken und Gefühle gebildet, wenn diese sich um Erfolg, Macht, Glück und guten Sex drehen. Diese starken Gefühle oder Gedanken haben eine Testosteronausschüttung zur Folge.*
- *Sex bis ins hohe Alter lässt Ihren Testosteronspiegel ansteigen, aber vor allem ganz wichtig: Sex lässt ihn erst gar nicht so stark abfallen, wie das naturgemäß ab 40 ist.*
- *Verzehren Sie gutes Eiweiß wie Austern, diese enthalten viel Zink.*
- *Zink, Vitamin B6 und Eiweiß werden benötigt für die Produktion von Testosteron.*
- *Nehmen Sie ab, verlieren Sie Fett, dann erhöht sich auch die Produktion von Testosteron, denn die Fettzelle ist in der Lage, das Testosteron unschädlich zu machen beziehungsweise in Östrogen umzuwandeln. Das sieht man dann am Brustansatz bei Männern – die verweiblichen. Deshalb: Wer viel Fett hat – hat wenig Testosteron.*
- *Bewegen Sie sich! Beim Joggen oder Laufen erhöhen Sie Ihren Testosteronspiegel um 50 %.*
- *Machen Sie leichtes Krafttraining mit Pausen von 3 Minuten. In der Pause wird Testosteron ausgeschüttet.*

10. Östrogen

Östrogen ist das Hormon der Frauen. Es schenkt uns die glatte Haut und die Fähigkeit, Kindern das Leben zu schenken, und unsere Rundungen, die dann manchmal lieblos als Problemzonen beschimpft werden. Aber was wären Frauen ohne ihre fraulichen Kurven? Zuviel Östrogen macht dick – und krank. Das Östrogen wird nicht nur in den Eierstöcken gebildet, sondern auch im Fettgewebe. Das heißt je mehr Fettgewebe, desto mehr Östrogen, desto dicker ...
Weitere Aufgaben des Östrogens, außer Männer zu fangen:

- *senkt den Cholesterinspiegel*
- *verhindert Wasseransammlungen*
- *senkt den Blutdruck*
- *unterstützt das Herz*
- *stimuliert Calciumeinbau in die Knochen*
- *beugt Depressionen vor*
- *senkt den Appetit.*

Verhindern Sie, dass Sie zu viel Östrogen haben. Das ist dann gewährleistet, wenn Sie auf Ihr Gewicht achten, also kein Übergewicht haben. Bewegen Sie sich viel, und trinken Sie genug Wasser. Schützen Sie sich vor zu wenig Östrogen – in der Menopause. Nutzen Sie die Wirkung der Pflanzenhormone, die in folgenden Produkten stecken: Leinsamen, Sonnenblumenkerne, Kichererbsen, Roggen, Walnüssen. Und vor allem in Soja. Ob in der Bohne oder als Getränk, Joghurt oder Sprosse. Bauen Sie jeden Tag davon etwas in Ihren Speiseplan ein. Freunden Sie sich mit Ihren Polstern an – denn die gehören (zu) Ihnen. Manchen Polstern, wenn sie mal da sind, ist auch nicht mit Hungern oder Sport beizukommen. So ein kleiner Rest, der bleibt meistens. Dem neuen Trend Absaugen sollten Sie wirklich nicht folgen. Stehen Sie zu Ihrer Weiblichkeit und freunden Sie sich mit ihr an, bevor Sie sich den Rest Ihres Lebens über Ihre Oberschenkel oder Ihren Po ärgern, denn die Wahrscheinlichkeit ist groß, dass Sie den Rest Ihres Lebens miteinander verbringen werden. Dann doch lieber in Freundschaft als in einem nicht zu gewinnenden Kampf – von Ihrer Seite aus gesehen.

11. DHEA – Dehydroepiandrosteron

Das Hormon der Jugend. DHEA ist ein so genanntes Prohormon, eine Vorläufersubstanz. Aus ihr baut der Körper Testosteron und Östrogen. Es wird in der Nebenniere gebildet und hat auch eigene hormonale Wirkungen.

Die Menge, die der Körper herstellt, hängt entscheidend vom Alter ab, mit 25 Jahren haben wir unsere Produktionsspitze, mit 50 nur noch die Hälfte davon. Deshalb wird es das Hormon der Jugend genannt. Vor unkontrollierter Einnahme wird gewarnt, denn die Risiken sind noch nicht erforscht – und auch hier gilt: Was wirkt – hat Nebenwirkungen.

Wer genug DHEA hat ist:

- *satt*
- *schlank*
- *glücklich.*

Wer wenig DHEA hat, kann folgende Krankheiten begünstigen:

- *Diabetes*
- *Tumorentstehung*
- *Depression*
- *Gedächtnisstörungen.*

DHEA können Sie selber machen:

- *Joggen und Bewegung*
- *Sex*
- *Verzehr von chromhaltigen Lebensmitteln, denn DHEA wird aus Chrom gebildet, wie Vollkornprodukte, Hefeflocken, Brokkoli.*

12. Selbstentscheidung

- 18 Punkte
- Der traurige Kloß hinter dem Brustbein
- Sie haben die Wahl

Selbstentscheidung

Das Harmonja Konzept kann man zusammenfassen in 18 Punkte. 18 Punkte, die Ihr Leben verändern können.

Diese Hinweise gelten für alle Menschen, um Krankheiten zu vermeiden, körperlich und geistig in Höchstform zu sein, schlank, glücklich, vital, kreativ, schmerzfrei und attraktiv zu sein. Und auch für Menschen, die schon erkrankt sind und sich über die Nahrung, die stärkste Medizin, die wir haben, Hilfe oder sogar Heilung holen wollen.

1. Trinken Sie täglich Ihrem Gewicht entsprechend stilles Wasser. Das errechnet sich so: Gewicht mal 3 in Litern. Bsp.: 70 kg sind 2,1 l Wasser. Trinken Sie kein Wasser zu den Mahlzeiten, 1/4 Std. davor, 1/2 Std. danach wieder.

2. Halten Sie sich an die Ernährung im Gleichgewicht – Harmonja so oft Sie können, am besten immer.

3. Essen Sie genug gutes Eiweiß, d.h. fettarm, denken Sie daran: Eiweiß kommt in unserem Körper in größeren Mengen vor als jede andere Substanz mit Ausnahme von Wasser. Eiweiß macht satt, schön, gesund und glücklich.

4. Meiden Sie schlechte Eiweiße, das heißt, gesättigte Fette, wie fettes rotes Fleisch, fette Wurst, denn diese haben einen hohen Gehalt an Arachidonsäure. Das ist schlecht, denn dies verhindert die Produktion guter Eicos und macht Entzündungen.

5. Essen Sie gute Kohlenhydrate, denn diese halten die Insulinausschüttung klein. Gut sind Gemüse, Obst, Salat, Hülsenfrüchte.

6. *Meiden oder reduzieren Sie schlechte Kohlenhydrate, denn sie haben eine hohe Insulinausschüttung zur Folge. Schlecht sind alle Produkte aus Weißmehl und Zucker, Kartoffeln, Reis, Alkohol.*

7. *Nehmen Sie ausreichend Omega-3-Fettsäuren zu sich in Form von Fisch oder Fischöl, um gute Eicos zu produzieren und um die Zellmembrane dünn und flexibel zu halten, denn nur so funktioniert Ihr Stoffwechsel gut.*

8. *Meiden Sie Transfette, das heißt gehärtete Fette wie in billiger Margarine.*

9. *Achten Sie auf genügende Aufnahme von Vitamin B, damit Eiweiß eingebaut werden kann.*

10. *Vermeiden Sie großen Hunger, denn Hunger bedeutet für den Körper Stress, und das bringt Sie aus dem Gleichgewicht und macht dick und Schmerzen.*

11. *Essen Sie kleine, ausgewogene Zwischenmahlzeiten, wie Obst mit Quark oder anderes.*

12. *Trinken Sie direkt nach dem Aufstehen einen halben Liter lauwarmes Wasser, um den Flüssigkeitsverlust der Nacht wieder auszugleichen. Kaffee und Tee gleichen nicht aus, sie entziehen dem Körper Wasser.*

13. *Essen Sie innerhalb einer Stunde nach dem Aufwachen, damit Ihr Motor etwas zu verbrennen hat und nicht sich selber anknabbert.*

14. *Bewegen Sie sich regelmäßig an der frischen Luft.*

15. Machen Sie leichten Sport, wie Joggen, Nordic Walking oder was Ihnen sonst Spaß macht. Produzieren Sie sich selber Hormone, die jung, glücklich, schlank und gesund machen.

16. Schaffen Sie sich im Alltagsstress zwischendurch mal eine kurze Entspannungspause.

17. Essen Sie nicht hastig, nicht im Stehen und wichtig: Kauen Sie Ihr Essen gut!

18. Schlafen Sie in gut gelüfteten, kühlen Räumen.

Der traurige Kloß hinter dem Brustbein

Dieses Kapitel ist nur für diejenigen, die mit diesem Begriff spontan etwas anfangen können. Wie viele es sind, weiß ich nicht. Ich kenne niemand, der ihn nicht hat, oder zumindest so etwas Ähnliches bzw. an einem ähnlichen Platz. Man muss nur ganz genau nachfragen.

Sie kennen ihn, plötzlich oder auch schleichend, unbemerkt ist er wieder da: der traurige Kloß hinter dem Brustbein. Schwer, fest, ungreifbar und dunkel macht er sich bemerkbar. Was ist denn passiert, fragen Sie sich? Gestern war noch alles in Ordnung. Und heute, das ist ja fast wie ein ganz schreckliches Sonntagsgefühl, da ist so etwas Sinnloses, Machtloses, Lustloses.

Na ja, wird schon wieder weggehen, oder sollte ich vielleicht doch mein Leben ändern, meinen Partner verlassen, einen neuen Job suchen? Tausend solcher Gedanken schwirren einem durch den Kopf, und einer davon ist schon mal ganz sicher richtig und zwar der: etwas zu ändern.

Nämlich mehr Bewegung und die Ernährung, denn der traurige Kloß hat etwas mit dem Mangel an Glücklich-Hormonen und zu vielen schlechten Eicos zu tun. Da kann man aktiv selber eingreifen. Das heißt, die Kompensation fällt weg, wenn man sich richtig ernährt und dadurch dem Gefühl mehr Raum gibt, sich zu äußern.

Meist ist dann die Ursache des Kloßes nicht behoben, aber er fühlt sich leichter an und wir bekommen die Möglichkeit und auch die Idee, den Kloß mal näher anzuschauen. Was ist mit dem? Was will er uns sagen? Warum brauchen wir den Kloß? Meist brauchen wir dazu jemanden, der sich damit auskennt. Z.B. ein Therapeut, der nach dem systemischen Gedanken sich die Ursachen des Kloßes anschaut.

Es ist auf jeden Fall eine große Bereicherung, sich seine Gefühle genau anzuschauen, denn die kommen nicht zufällig. Der Kloß bleibt nicht nur als Kloß da sitzen – er macht etwas mit uns. Die Gefühle, die mit ihm einhergehen, spiegeln sich in unserem Alltag wieder. In Beziehungen, im Umgang mit uns selbst und in der Arbeit.

Wenn Sie mehr über systemische Therapie wissen wollen, können Sie im Anhang die Internetadresse nachschauen. Ich spreche aus eigener Erfahrung und aus der langen Beobachtung und Befragung meiner Patienten.

Probieren Sie es einfach aus, indem Sie Ernährung im hormonellen Gleichgewicht anwenden, sich mehr bewegen und somit genügend gute Hormone selbst produzieren und die Produktion schlechter Eicos reduzieren, die unser Gewebe übersäuern und verhindern, dass wir uns im hormonellen Gleichgewicht befinden. Es lohnt sich, einen Versuch ist es wert.

Sie haben die Wahl – Sie entscheiden selbst

Bei der Harmonja-Ernährung – geht es nicht darum generalstabsmäßig alles umzusetzen, was man Neues gelernt hat.

Wenn Sie den neuen Zustand der Harmonie für sich entdeckt haben, dann versuchen Sie vielleicht, immer darin zu sein, und irgendwann kann es ein Automatismus werden, dass Sie genau zu den Lebensmitteln und Kombinationen greifen, die Sie in diesen Zustand versetzen – in den Zustand des optimalen Stoffwechsels, so dass alle guten Hormone gebildet werden, die Sie brauchen.

Achten Sie auf den Unterschied, ob Sie zum Frühstück eine Marmeladensemmel mit einem süßen Kakao zu sich nehmen oder ob Sie zu einem Vollkornbrot mit Hüttenkäse oder zu Putenbrust und Avocado mit Zitrone greifen. Achten Sie darauf, wie Ihre körperliche und geistige Verfassung ist.

Fast jeder spürt den Unterschied. Sollten Sie zu denen zählen, die sagen: „Es geht mir immer gleich, egal, was ich esse", bitte ich Sie, trotzdem nach den Harmonja-Kriterien auf Ihre Ernährung zu achten, denn viele unnötige Erkrankungen, die man lange nicht bemerkt, können dadurch verhindert werden. Diese Erkrankungen entstehen nicht von heute auf morgen, sie entwickeln sich, sie brauchen Zeit – und der Nährboden einer jeden Krankheit ist eine ausgetrocknete, schlecht versorgte Zelle. Wenn Sie die Hauptkriterien von Harmonja verinnerlichen, leisten Sie einen großen Beitrag dazu, dass Ihre Zellen optimal versorgt sind. Wir müssen unbedingt mithelfen, denn unser Leben ist anstrengend genug. Machen Sie sich selber stabiler.

Merken Sie sich die wichtigsten Erkenntnisse aus dem Buch. Tipp: Lesen Sie das Inhaltsverzeichnis und überprüfen Sie, ob Sie zu jeder Überschrift oder Zwischenüberschrift das Wichtigste zuordnen können.

Und noch etwas: Das Leben wird leichter, wenn Sie sich die Zustände, in denen Sie sich befinden, auch erklären können. Das heißt. Wenn Sie ohne Eiweißausgleich eine Pizza mit Rotwein (reine Kohlenhydratmahlzeit) zu sich nehmen und danach müde sind, wissen Sie wenigstens, warum.

Oder wenn sich mal wieder ein unangenehmes Gefühl einschleicht, vielleicht hinter dem Brustbein oder auch woanders, oder Sie aggressiv, lustlos oder ohne Grund tieftraurig sind: Überprüfen Sie, was Sie gegessen oder getrunken haben und wann Sie sich das letzte Mal ausgiebig bewegt haben. Sie werden einen Zusammenhang feststellen. Dann wissen Sie, wie es auch anders gehen könnte. Und das bringt Ihnen ungeahnte Freiheit:

Sie entscheiden selbst über Ihr Wohlbefinden!

Selbstverantwortung. Es wird Zeit, Selbstverantwortung zu übernehmen und nicht mehr zu hoffen, dass es jemand anders für einen „wegmacht“, heilt oder tut. Damit will ich nicht andere Therapien in Frage stellen, aber die Wartezimmer der Ärzte sind voll mit Patienten, die über Bauchschmerzen, depressive Verstimmungen, Verstopfungen und Müdigkeit klagen. Oft kann der Arzt nicht helfen, aber eine Nahrungsumstellung.

Ich beobachte seit 14 Jahren die Leiden, mit denen Menschen zum Arzt gehen, und die wenigsten werden dort gelindert, wenn es sich um Alltagsprobleme wie die genannten handelt.

Die genannten Alltagsbeschwerden können als Ursache eine falsche Ernährung haben, manchmal sind Sie ein Hinweis auf eine Erkrankung. Auf alle Fälle sollten Sie den Arzt oder Heilpraktiker Ihres Vertrauens mit in Ihre Überlegungen einbeziehen.

Ich appelliere an Ihren gesunden Menschverstand: Übernehmen Sie Verantwortung für sich und Sie können ein neues Gefühl der Gesundheit entdecken und anfangen, sich und Ihre Bedürfnisse kennen zu lernen, sie ernst zu nehmen und diese auch zu leben. Sie sind es wert.

Ich wünsche Ihnen viel Erfolg und Spaß dabei
Herzlichst
Nicola Sautter

Das Geheimnis von Harmonja:

1.
Kombinieren Sie zu jeder Mahlzeit Kohlenhydrate, Eiweiß und gutes Fett.

2.
Achten Sie darauf, welche Kohlenhydrate und Eiweiße Sie wählen.

3.
Trinken Sie ausreichend Wasser.

4.
Bewegen Sie sich, machen Sie Sport.

„welleat“ nach Harmonja:

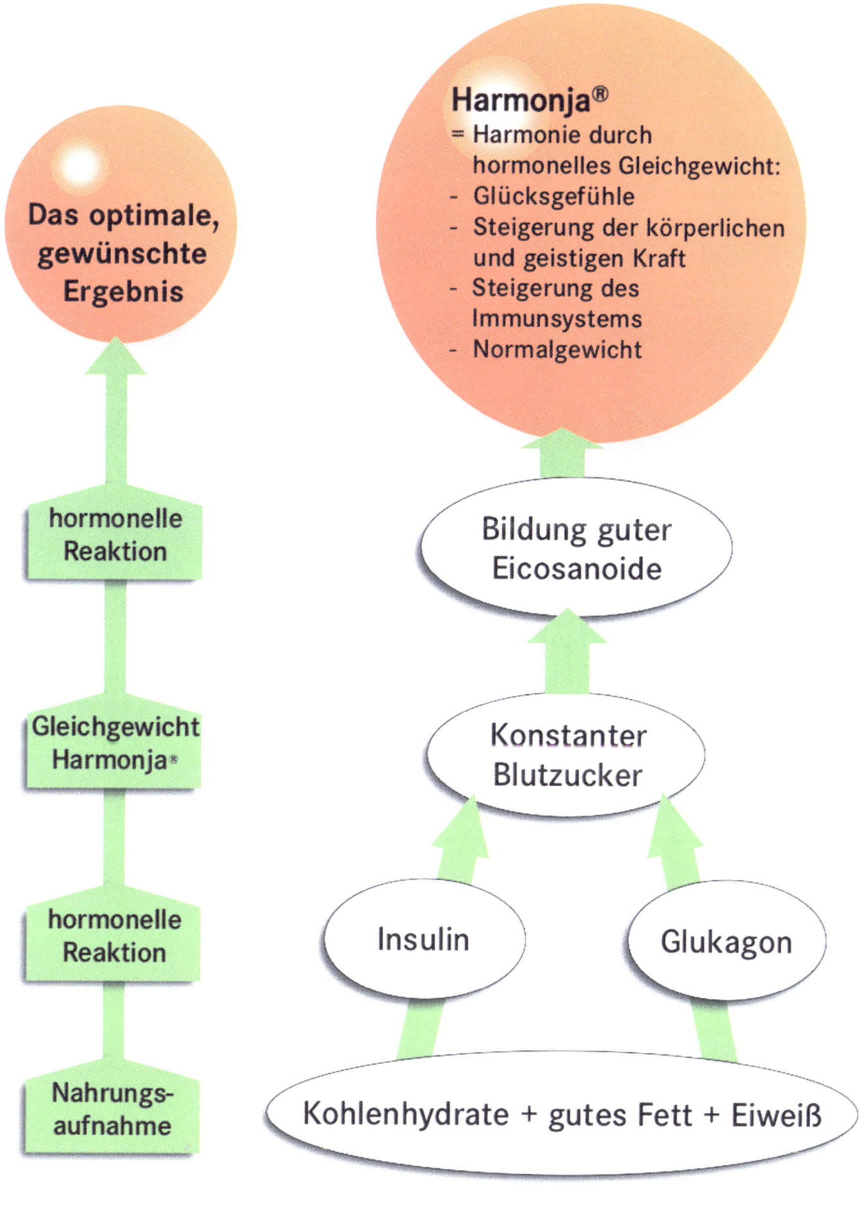

Anhang

Danksagung:

Ich danke meinem Mann für seine Liebe und seine Klugheit, mit der er mich begleitet und stützt. Ich danke meiner Kleinen, dass sie mir jeden Tag mein Herz öffnet, ich danke Meera für ihre große Unterstützung (ich bin glücklich, dass es Dich gibt). Vor allem danke ich meinen Eltern, die immer an mich geglaubt- und mich unterstützt haben und mich zu der haben werden lassen, die ich bin. Ich danke allen, die mit unermüdlicher Kraft und großer Motivation an meinem Buch mitgearbeitet haben: Vor allem Mathias Voelchert und Heinz Kraxenberger, sowie seiner Frau Carola Wetzel, Reinhardt Hess und Stefan Spang. Herrn Dieter Moog danke ich für die wichtige Telefonnummer. Lieber Hossi, vielen Dank für deinen Tipp.

Bezugsadresse von Produkten zur Ernährung nach dem Harmonja Konzept: Besuchen Sie uns im Internet!

www.welleat.de

Literaturverzeichnis:

Barry Sears, Das Optimum, Econ Verlag, 2003
Uwe Karstätt, Die 7 Revolutionen der Medizin, Titan Verlag, 2004
Hans-Ullrich Grimm, Die Suppe lügt, Knaur Verlag, 1999
Dr. Ulrich Strunz, Die Diät, Heyne Verlag, 2004
Prof. Dr. med. Olaf Adam, Omega-3 Fitness durch Fische und Öle, Naturaviva Verlag, 2004

Disclaimer:

Bei den hier beschriebenen Inhalten, handelt es sich nicht um ärztliche Heilmethoden. Es wird keine Diagnose gestellt. Die Nahrungsumstellung und Nahrungsergänzungen erfolgen auf eigene Verantwortung. Die Erkenntnisse über die Aussagen dieses Buches wurden nach bestem Wissen und Gewissen wiedergegeben.

Die Informationen ersetzen nicht die Hilfe und den Rat eines Arztes oder Heilpraktikers. Es wird nicht empfohlen, gegen den Ratschlag eines Arztes oder einer bestehenden Therapie zu handeln. Der Verlag übernimmt keine Haftung für eventuelle Schäden oder Nachteile, weder für Personen-, Sach-, noch Vermögensleistungen, die aus den im Buch gegebenen praktischen Hinweisen resultieren. Alle Angaben in diesem Buch erfolgen daher ohne jegliche Gewährleistung oder Garantie seitens des Verlages oder der Autorin.

Dieses Buch kann der eigenen Reflexion dienen und einen Beitrag dazu leisten durch Ernährungsumstellung die Selbstheilungskräfte zu aktivieren. Dabei handelt jeder auf eigene Gefahr, eigenes Risiko und eigene Verantwortung.

Stichwortverzeichnis: